쉽 게

풀어쓴

운 명

일러두기

1 한글 맞춤법, 표준어 규정, 외래어 표기법 등을 최대한 따랐으나, 내용을 설명하는 과정에서 좀 더 다양한 표현이 필요하다고 판단한 경우에는 규정을 따르지 않았음을 밝혀둡니다.
2 공연, 방송 프로그램, 영화, 책 등의 이름을 표기할 때는 〈 〉로 통일하였습니다.

쉽게 풀어쓴 운명

사주명리로
찾아낸
내 일과 내일

정문교
지음

봄꽃 여름숲
가을열매 겨울뿌리

글 앞에

　대학을 졸업하고 인턴사원으로 일하는 이십 대 후반의 여성 두 명에게 물었습니다. 운명은 무엇이라고 생각하나요?

　한 명은 이렇게 말하더군요.

　"그거, 알 수도 없고 또 어찌할 수도 없잖아요."

　다른 한 사람은 "모르는 게 더 낫다고 생각해요. 알면 괜히 신경만 쓰이니까. 그냥 하루하루 성실하게 살면 되지 않을까요?"

　이 책을 펼쳐 든 사람 중에도 분명 그렇게 생각하는 분이 있을 겁니다.

　운명은 알 수 없고 그래서 어찌해 볼 수도 없는 것이라고. 또 하루하루 정성을 다해 살면 운명 같은 건 몰라도 괜찮고 아니 모르는 게 약이라고.

　정말 운명은 알 수 없고 어찌할 수 없는 것, 내가 이해하기 힘든 것, 나를 압도하는 것, 내 밖에 있는 어떤 것일까요?

　이런 질문도 던졌습니다.

　당신이 누구인지, 어떤 사람인지 설명해달라고.

　두 사람은 꽤 오랫동안 자신들이 어떤 스타를 좋아하는지, 어떤 소설과 만화를 탐독하는지, 무엇을 즐겨 먹는지, 어디를 여행하고 싶은지, 앞으로 어떻게 살고 싶은지 장황하게 늘어놓았습니다. 그러면서 이런 말을 덧붙이더군요. "한마디로 폼 나게 살았으면 좋겠어요." "구질구질한 건 질색이거든요."

구질구질하지 않고 폼 나게 사는 것. 어쩌면 우리가 바라는 삶의 형태일 겁니다. 물질에도 구애받지 않고 정신도 기품을 유지하면서 말입니다. 그런데 폼 나게 살기 위해서는 자신을 잘 알아야 합니다. 자신을 모르면 멋진 자태를 유지하기는커녕 매 순간 삶이 흔들립니다.

나를 모르는 나

내가 누구인지 설명할 때 어떤 단어나 어휘를 주로 사용하시나요?

대개 ~이 좋다, 싫다, 이다, 아니다, 그렇다, 그렇지 않다, ~을 잘한다, 못한다, 같은 분명하고도 명확한 두 가지 구분으로 자신을 묘사하기 쉽습니다. 극과 극의 상태나 감정, 정서로 자신을 표현해버리는 거지요. 중간항은 모두 덜어내고 말입니다. 내가 어떤 사람인지 얘기할 때 동원되는 낱말의 무늬나 주름을 생각해보면 좋겠네요.

운명을 알면 내가 누구인지 알 수 있습니다.

운명은 내가 태어난 연월일시에서 나옵니다. 연/월/일/시, 기둥이 네 개라서 사주(四柱)라 합니다. 명식(운명방정식), 운명, 명이라고도 합니다.

운명은 생년월일시입니다. 나의 연월일시가 내 운명이지요.

그래서 나를 넘어서는 것도 아니고 알 수 없는 것도 아니고 어찌할 수 없는 것도 아닙니다. 나를 압도하는 것, 내 밖에 있는 어떤 것도 아니지요. 그렇다면 운명을 두려워하거나 멀리할 이유가 없지 않을까요? 아니 멀찍이 두고 피할 게 아니라 바싹 끌어당겨서 속속들이 파고들어야 하지 않을까요?

운명은 분명하고도 명확하게 나를 포착합니다. 나의 외부와 내부를 관통하며 작은 조각 하나도 빠뜨리지 않고 낚아 올립니다. 내가 어떻게 살아야 하는지 알려줍니다.

내 삶의 방향은 내가 가진 운명 재료에서 찾아야 합니다. 내 生은 내게 있는 것들로 꾸려야 합니다. 자신의 운명에서 발굴해낸 것이 아닌 정보나 잣대로 자기를 판단하고 설계하면 없는 걸 만들어내려고 기를 쓰는 어처구니없는 삶을 살게 됩니다.

이 책은 운명이 뭔지 제대로 알 기회를 얻지도 못한 채 막연히 두려워하는 사람, 또 운명을 알고는 싶은데 이해하는 과정이 어려울 거라 생각해 일찌감치 운명공부를 포기한 사람들을 위해 나왔습니다. 운명이 어떻게 작동하는지, 내 운명은 어떻게 보는지 단계별로 하나하나 안내해드리겠습니다.

책의 구성, 책의 특징

책은 전체 4개의 부와 2개의 부록으로 짜여 있습니다.

1부 '음양과 오행'에서는 음양이 오행(木火土金水)으로 발전하는 과정, 오행의 속성, 수축하고 팽창하는 우주를 설명했습니다.

2부 '10간과 12지'에서는 오행이 10간과 12지로 나아가는 마법의 과정을 따졌습니다. 시간 능력자 10간, 공간을 관리하는 12지, 10간 12지가 만들어낸 60갑자가 어떤 조합으로 결정되는지 설명했습니다.

3부 '운명에 다가가다'에서는 운명방정식의 구조, 10간 12지로 짜인 내 운명에 풍성한 이야기를 얹어줄 관계의 바다(육친)를 실었습니다.

4부 '운명을 살다'에서는 사주를 구성하는 연월일시가 어째서 양자 파동이 빚어낸 건축물인지, 운명농사는 왜 끊임없이 이어지는지, 사주와 운세는 어떻게 호응하는지 살폈습니다. 사주를 어떻게 푸는지 익히기 위해 서로 다른 분야에서 활동한 11인의 운명도 분석했습니다. 대통령, 기업인, 언론인, 방송인, 공무원, 교수, 문화센터 강사의 사주풀이를 통해 운명을 어떻게 판단하는지, 어떤 단계로 접근하는지 시시콜콜히 따졌습니다. 이 과정을 차근차근 따라가다 보면 독자 스스로 자기 운명의 빗장을 열어젖힐 수 있습니다.

부록은 이 책을 통해 사주를 처음 접하는 독자를 배려해 만들었습니다. 부록에서는 연월일시 기둥 세우기, 대운 결정하기, 천간합이 빚어내는 시간 등을 실었습니다.

책의 특징도 얘기해야겠지요.

아마도 이 글을 읽는 독자들은 한자를 편안하게 받아들이는 세대는 아닐 겁니다. 또 트위터나 페이스북에 익숙한 사람들이라면 길게 쓰는 문장보다는 짧은 호흡의 글을 선호하겠지요. 그 점을 반영해 이 책에서는 운명을 기존의 사주 명리 책과는 다른 방법으로 설명했습니다.

발음도 하기 어려운 전문용어는 이해하기 쉬운 표현으로 바꾸었습니다. 음양에서 오행으로, 오행에서 10간 12지로 이어지는 각 단계도 현대인의 감각과 정서에 맞게 이미지로 설명했습니다.

운명을 이해하려면 한자를 많이 알아야 한다고 생각하는 분이 있을 겁니다. 자기 운명을 보기 위해 꼭 알아야 할 한자는 27개, 아니 22개입니다.

목화토금수의 한자는 이미 알고 있으니 10간과 12지에 나오는 한자, 22개만 기억하면 됩니다. 나머지 한자는 그냥 한글로 대체해도 충분합니다.

이제 마음이 좀 가벼워지는 것 같죠?

앞에서 우리는 운명을 생년월일시로 얘기했지요. 그럼 나의 연월일시를 이해하면 어떤 걸 얻을 수 있을까요? 이제 운명이 주는 실익을 알아봅시다.

멋진 나를 발견, 자존감을 유지

운명을 알면 내가 누군지 또렷하게 압니다. 단순히 뭘 좋아하고 뭘 싫어하는 차원이 아니라 세상 사람들과 다른 나만의 기질, 특성, 질적 차이를 발견하게 됩니다. 내가 나를 섬세하게 알면 자긍심이 생깁니다. 자존감을 얻습니다. 밋밋한 나를 벗어나 존재감 있는 나, 멋진 나를 만들 수 있습니다.

삶의 방향

운명은 내가 무엇을 잘하는지 무엇에 약한지 기계처럼 분석해 내 삶의 방향을 진단합니다. 대학에서의 전공, 졸업 후의 진로, 직업 선택을 할 때 운명을 참고하면 실수와 실패를 줄일 수 있습니다. 허송세월을 피할 수 있습니다.

삶의 호흡 조절

운명은 내가 나아갈 때와 물러날 때를 알려줍니다. 살다 보면 내게 유리한 운세도 만나고 불리한 운세도 경험하게 됩니다. 자기 운명을 알고 있으면 망설임 없이 전진할 때와 몸을 낮추어 한발 뒤로 물러날 때를 인식할 수 있습니다. 나를 돕는 기운이 많을 때는 캥거루만큼 높이 뛰며 일을 추진해야겠지요. 내게 이롭지 않은 기운이 찾아들 때는 지렁이보다 낮은 자세를 유지해야 합니다. 그러면서 내가 좋았던 시절에는 있는지도 모르고 살았던 존재들, 나도 모르게 상처를 입힌 대상들, 내 경험으로 포착할 수 없었던 수많은 타자를 살피는 시간을 가지면 됩니다.

운명을 알면 좋은 운세에는 내 역량을 발휘할 수 있어 좋고 불리한 때는 사색과 성찰의 기회를 만들 수 있으니 이 또한 좋습니다. 두려움은 내 삶의 호흡을 내가 조절할 수 없을 때 생기는 것입니다.

타인을 이해

사회생활을 하다 보면 자신과 잘 맞지 않는 사람도 만납니다. 운명을 알고 있으면 나와 부딪히는 사람, 사사건건 의견대립을 일으키는 사람과도 서먹하지 않게 지낼 수 있습니다. 그들의 운명을 탐구하라는 얘기가 아닙니다. 그들 운명은 그들이 알아서 할 일이지요.

흥미로운 건 내가 내 운명만 알고 있어도 다툼을 피할 수 있다는 겁니다. 운명을 알면 내게 없는 기운도 이해하게 됩니다. 그래서 내가 먼저 엉클어진 관계를 풀 수 있습니다. 관계를 매끄럽게 조절할 수 있습니다.

내 욕망을 자각, 내 삶과 접속

운명을 알면 한 인간의 욕망을 정확하게 파악할 수 있습니다. 드라마나 영화 속의 주인공에게서 나온 욕망 말고 자신의 사주에서 비롯된 진실한 욕망을 이해할 수 있습니다.

매체에서 말하는 욕망은 비슷할 수밖에 없지요. 다르다는 환상은 심어주지만, 계량화된 욕망일 뿐입니다. 계산할 수 있다는 건 측정할 수 있다는 겁니다. 나의 기호가 들어간 욕망이라면 어떻게 시장이 측정할 수 있겠어요?

우리는 모두 다른 운명을 갖고 이 세상에 나옵니다. 욕망도 모두 다를 수밖에 없습니다. 나의 욕망을 알면 내가 할 수 있는 일을 알 수 있습니다. 그러면 나만의 세계를 마련할 수 있지요. 욕구나 욕망은 비난받아야 하는 대상이 아닙니다. 개인의 자아실현과 긴밀하게 연결돼 있으니까요.

생각해보면 우리는 너무 많은 걸 가지려 하지요. 필요 없는 것, 아니 있으면 오히려 방해되는 것, 심지어 나를 갉아먹는 어떤 것도 가지려 합니다. 내 욕망이 아닌 매체의 욕망에 휘둘려서 그렇습니다. 대중문화는 내가 내 욕망을 만나는 걸 방해합니다. 내 운명과 접속하는 걸 지연시킵니다. 자신의 욕망을 제대로 알면 지켜야 할 자기를 지킬 수 있습니다. 온전한 삶과 접속할 수 있습니다.

자기소외를 막는다

운명을 모르면 내가 나를 오해합니다. '운명이 전하는 진정한 나'와 '내가 생각하는 나'가 따로 놉니다. 내가 나를 소외시킵니다. 소외라는 말을 쉽게 표현하면 그냥 연결 관계가 끊어진 것입니다. 그래서 내가 무언가를 바라고 원하지만 어떤 것을 열심히 찾고 그것에 매진하지만 그럴수록 자신과 멀어집니다. 애쓰고 노력하는데 자신과 연결되지 않는 상태를 경험하는 것이지요.

운명을 알면 자기소외로부터 벗어날 수 있습니다.

자율성, 역동성

연월일시는 이미 정해진 것이니 그 안에 자율성의 여백은 없을 거라고 생각하시나요? 운명은 연월의 파동과 일시의 파동이 함께 작용합니다. 여기서 일의 파동은 '나'를 의미합니다. 사색하는 나, 판단하고 결정하는 나, 현재를 호흡하며 살아가는 인식의 주체를 가리킵니다.

과거 시간을 돌아보고 미래 시간을 향해 발걸음을 내딛는 내가 있으니 운명 또한 꽉 막힌 답답한 구조물이 아니라 역동성을 발휘하는 생기 넘치는 건물이 되는 것이지요.

내게 맞는 인생답안

이 세상에는 몇 개의 사주가 존재할까요?

답은 518,400개(남자 사주와 여자 사주를 더하면 1,036,800가지)입니다. 우리는 518,400개의 사주 중에서 1개를 택해 이 세상에 나옵니다. 0.000001929의 확률로 태어난 내가 삶에서 만나는 문제를 해결하려면 운명을 참조해야 합니다. 내 운명에서 추출한 인생해법을 적용해야 합니다.

운명을 알면 일상에서 경험하는 긴장과 분열, 모순의 실체를 넓고 깊게 들여다볼 수 있습니다. 그래서 나를 둘러싸고 전개되는 갈등과 사랑, 곤경과 난관을 돌파할 수 있습니다. 그 누구에게도 기댈 수 없는 삶의 구렁텅이에서도 내가 가진 재료, 내게 남아있는 자원으로 다시 일어설 수 있는 계기를 발견할 수 있습니다.

누가 읽으면 좋을까

1) 내가 누구인지 분명히 알고 싶은 사람, 내 욕망을 또렷하게 포착하고 싶은 분이 읽으면 좋습니다.

2) 자신의 욕망을 알고 있지만 그걸 어떻게 실현하면 좋을지 막막해 하는 분이 읽어도 도움이 됩니다.

3) 자기 삶과 화해하지 못하는 사람, 자신의 인생과 지속해서 불협화음을 일으키는 사람, 애쓰고 노력하지만 별로 나아질 기미가 보이지 않는 사람, 그래서 일상이 폐허가 돼버린 사람이라면 반드시 읽어보시기 바랍니다.

혹시 이런 분이 있을지 모르겠네요.
"운명을 알면 나를 알 수 있다고? 그럼 지금 당장 내 운명을 감정해줄 족집게 도사를 찾아봐야겠다."며 포털 사이트에 '사주 잘 보는 곳, 족집게 사주, 유명 철학관' 등의 검색어를 넣어보는 분도 있을 것 같습니다.

운명은 하나의 기호입니다. 기호는 해석의 실마리를 품고 있지요. 연월일시라는 부호, 사주라는 문자에는 너무도 많은 해석의 겹들이 잠재해 있습니다. 그것을 읽어내는 일이 쉽지는 않겠지요. 그래서 누군가에게 대신 좀 읽어달라고 요청하고 싶지요. 사주 해석을 잘하는 명리학자나 역술인을 찾아가 내 운명을 좀 풀어달라고 부탁하는 것이지요.

운명을 이해하려면 의식과 무의식을 총체적으로 읽어내야 합니다. 그런데 어떤 운명감정가가 내 운명을 정성을 다해 읽어냈다고 해봅시다.

그는 내게 자신이 파악한 나의 운명을 하나하나 설명해주겠지요.

문제는 그다음입니다. 내가 운명을 모르면 역술인이 전해주는 운명풀이를 알아들을 수 없습니다. 설령 그들이 내 운명의 무의식까지 꼼꼼히 들추어 운명처방전을 건네준다 하더라도 그게 나를 흔들어놓지 못합니다. 내 안에서 출렁거림이 일어나지 않았으니까요.

운명은 내가 판단할 수밖에 없습니다.

내 운명을 제대로 풀 수 있는 사람은 나입니다.

운명을 이해하는 건 기호를 읽어내는 작업입니다. 기호는 해석자의 관심과 사랑에 따라 별의별 이야기를 제공합니다. 해석자가 각별한 애정을 품고 기호를 대하면 기호는 스스로 자신을 열어 보입니다.

기호를 온전히 읽어내는 건 나를 건져내는 작업입니다.

내 안에 가라앉아 있는 조각 하나, 파편 한 점, 거품 하나, 작은 알갱이 하나를 조심스레 발굴하는 과정입니다. 그렇게 찾아낸 조각과 파편과 거품과 입자들을 찬찬히 읽어내는 것! 그것이 바로 내 운명을 이해하는 길입니다. 당신이라는 세계, 당신이라는 우주에 접속할 수 있는 유일한 통로입니다.

이제 운명의 구석구석을 탐사해 보겠습니다.

차례

글 앞에

1부 | 음양과 오행

오행의 발생

음과 양, 마법을 부리다 31
태극 32
土의 정체 34

오행의 속성

水, 에너지의 전령 37
水의 속성 37
어둡고 차갑고 느립니다
구석구석 파고듭니다
사색하고 탐구하는 능력이 있습니다
시작의 기운이 있습니다
생명체의 에너지로 쓰입니다

木, 생명의 화신 39
木의 속성 39
연결과 접속의 능력이 뛰어납니다
부드럽고 유연합니다

끈기와 인내를 지녔습니다

火, 속전속결의 마법사　40

火의 속성　40
숨김이 없고 솔직합니다
순발력이 뛰어나 임기응변에 능합니다
뒤돌아보지 않고 앞으로만 나아갑니다
쾌활하고 열정적입니다

土, 4행을 감싸 안는 넉넉한 품　42

土의 속성　42
질서를 부여하고 중용을 실천합니다
생명이 깃들 수 있는 터전이 됩니다
휴식의 귀중함을 일깨워 줍니다

金, 관리 본능을 드러내는 감찰관　43

金의 속성　44
제어하고 통제하는 역할을 주도합니다
성과나 결실을 얻습니다

우주, 팽창하고 수축하고

하도와 낙서　47

하도, 수축하는 우주　48
하도설화
수축하는 하도 순환

낙서, 팽창하는 우주　53
낙서순환, 상생에서 상극으로 | 土, 4행의 조정자

2부 | 10간과 12지

60갑자, 10간 12지의 조합

60갑자, 10간 12지가 만들어낸 건축물   61

갑자甲子 기원   62
60갑자의 출발   63

10천간, 시간이 만들어낸 능력자

10천간의 유래   66

갑목甲木, 타협하지 않는 꼿꼿한 선구자   69

갑목의 속성   70
개척자 정신을 가졌습니다
일정한 모습을 유지해 바르고 곧게 자랍니다
火로 먼저 통제하고 金으로 다스려야 합니다

을목乙木, 여러 갈래로 뻗어가는 유연한 협상자   72

을목의 속성   73
잡초와 같은 질긴 생명력이 있습니다
가르치고 배우는 활동과 관련이 많습니다
섬세한 감각을 발휘해 아름다움을 추구합니다

병화丙火, 자신의 빛으로 세상을 밝히는 자원봉사자   76

병화의 속성   77

어둠을 밝히고 자신의 역량을 과시합니다

봉사와 사랑의 마음을 지녔습니다

열정은 대단하나 끈기가 없습니다

나무를 살려내 문명탄생에 기여했습니다

정화丁火, 미세한 영역을 속속들이 드러내는 발견자 79

정화의 속성 80

좁은 곳을 비추며 조용히 타오릅니다

木에 의지합니다

金을 개조해 유용하게 만듭니다

과학과 기술의 급격한 발전은 정화의 작품입니다

무토戊土, 터전을 제공하고 중용을 가르치는 공간 82

무토의 속성 82

4행을 차별 없이 감싸 안는 포용성이 있습니다

무심하지만 의로롭고 공정합니다

기토己土, 생명이 깃들 수 있는 부드러운 공간 84

기토의 속성 84

기토는 木과 金을 잘 다스립니다

己토는 생명이 깃드는 땅입니다

己토는 우주의 수축과 팽창을 담당합니다

경금庚金, 변화방향을 돌려놓기 위해 등장한 뻣뻣한 전사 87

경금의 속성 88

경계를 설정하고 규칙과 절차를 강요합니다

火의 연단이 필요합니다

강한 자에게 복종하는 종혁성이 있습니다

중요한 산업자원으로 쓰입니다

신금辛金, 정리하고 정돈하는 분리수거의 달인 91

신금의 속성 91
매섭고 야무지며 날카롭습니다
예리한 신금은 水를 좋아합니다

임수壬水, 기억과 정보를 싣고 새 세계로 나아가는 전령 94

임수의 속성 95
속속들이 파고드는 능력이 있습니다
에너지를 공급합니다
굳어있는 금을 유통시킵니다

계수癸水, 생명을 배양하는 생명천사 97

계수의 속성 97
어둡고 차갑고 비밀스럽습니다
계수는 木과 친해 생명을 자라게 합니다

12지지, 이상하고 요상한 공간

12지지와 지장간 101

지장간 102
봄 호흡
음력 1월, 寅木
음력 2월, 卯木
음력 3월, 辰土
12지 산책

인목寅木, 생명이 튀어 오를 준비를 하는 곳 109

寅의 분위기 110

일상에서 발견하는 寅의 이미지   110

호랑이띠, 어린 생명이 자라는 곳에 무서운 호랑이?   111

묘목卯木, 생기발랄한 생명의 공간   112

卯의 분위기   113

일상에서 발견하는 卯의 이미지   114

토끼띠, 생명 에너지가 왕성해지는 卯에 겁 많은 토끼?   114

진토辰土, 생명체의 욕구가 깃든 곳   116

辰의 분위기   117

辰에서 발견하는 일상 이미지   118

용띠, 포부와 야심이 대단합니다   118

사화巳火, 축제를 즐기지만 앞날에 대한 계획도 세우는 곳   121

巳의 분위기   121

일상에서 발견하는 巳의 이미지   123

뱀띠, 뱀은 왜 교활하다는 누명을 쓰게 되었을까요?   124

오화午火, 빛이 선사한 알록달록 문명천국   125

午의 분위기   126

일상에서 발견하는 午의 이미지   126

말띠, 앞만 보고 나아갑니다   127

미토未土, 목화의 결과물을 쌓아두는 곳   128

未의 분위기   129

일상에서 발견하는 未의 이미지   130

양띠, 지혜는 있으나 생동감은 부족합니다   131

신금申金, 봄여름의 결과물을 검사하는 곳 133

申의 분위기 133

일상에서 발견하는 申의 이미지 135

원숭이띠, 재주 많은 원숭이가 외롭다고요? 136

유금酉金, 냉혹한 평가를 내리는 감독관이 머무는 곳 137

酉의 분위기 138

일상에서 발견하는 酉의 이미지 139

닭띠, 앞날을 예측하는 능력이 뛰어납니다 140

술토戌土, 지나온 시간을 돌이켜보는 사색의 공간 141

戌의 분위기 142

일상에서 발견하는 戌의 이미지 144

개띠, 다정하지만 답답합니다 144

해수亥水, 삶과 죽음을 이어 붙이는 장소 147

亥의 분위기 147

일상에서 발견하는 亥의 이미지 148

돼지띠, 생각이 깊습니다 149

자수子水, 생명을 기다리며 기운을 변환하는 마법의 공간 150

子의 분위기 151

일상에서 발견하는 子의 이미지 152

쥐띠, 전문가적 기질을 타고납니다 153

축토丑土, 축적된 에너지가 많은 땅 155

축의 분위기 156
일상에서 발견하는 축의 이미지 157
소띠, 뜻한 것은 반드시 이루어 냅니다 158

3부 | 운명에 다가가다

명식, 운명방정식

四柱, 4대가 머무는 집 164
네 기둥과 여덟 글자 164
연월일시 건축물

관계의 바다, 육친

육친六親, 관계에 다가가다 169
육친 산책 170
육친을 이해하는 세 가지 시선 175
인연 관계
입출력 관계
가깝고 먼 관계거리

육친六親, 관계의 바다에 빠지다 182
인성印星, 나(일간)를 후원해주는 든든한 지지자 182
인성의 순기능
인성의 역기능
인성과 직업

인성에 의지해 살아가는 운명

비겁比劫, 협력하는 동지 & 방해하는 경쟁자 188

비겁의 순기능

비겁이 많을 때의 역기능

비겁과 직업

비겁이 위력을 발휘한 운명

식상食傷, 속마음을 표현하는 나의 분신 192

식상의 순기능

식상과 직업

식상의 역기능

식상을 반기는 운명

재성財星, 미지의 세계, 원더풀 라이프 198

재성의 순기능

재성의 역기능

재성이 부담스러운 운명

관성官星, 성찰하고 헤아리고 돌아보는 능력 205

관성의 순기능

관성의 역기능

관성과 직업

관성이 귀중한 운명

4부 | 운명을 살다

운명으로 들어가다

운명을 결정하는 양자파동   213

대운大運, 人生의 사계절   214

끊임없이 계속되는 운명 농사   215
대운 뽑기
이 세상에는 몇 개의 사주가 존재할까요
0.000001929의 확률

운명과 DNA   219
하도낙서와 유전자   219
오행과 인체   220
오행을 고루 갖추지 못하고 태어난다면?

운명의 빗장을 풀다

이승만 권력에 대한 강박으로 시달리는 운명   225

음양의 균형을 향하여   226
음과 양의 비율을 가늠합니다
육친을 살펴봅니다
일간을 탐색합니다
부족한 오행이 무엇인지 판단합니다

결론   233

김구 자유를 갈망하면서도 윗사람의 가르침에 구속되는 운명   237

음양, 일간, 격으로 판단하는 운명 삼각형   238

음양의 비율을 따집니다

일간을 살핍니다

격을 찾읍시다

결론   241

노무현 시대의 운동장이 되고 싶었던 운명   244

구조분석 金木의 균형이 관건인 운명   245

음양의 비율

金木의 관계

일간을 살핍니다

격을 봅니다

방일영 치우친 구조로 결과물을 만든 운명   254

두 가지 재료로 균형을 이룬 운명   255

음양의 비율

일간

격

정몽헌 재성과 인성의 교차로에 선 운명   260

운명 분석   261

음양비율, 중화

일간

격

결론

법원 사무관 연월의 도움 없이 자기 길을 개척한 운명   266

인생 여정   268

법대 진학

쪽집게 도사?

연월의 문제를 해소할 수 있는 일간

검사 기댈 언덕이 있어 목표를 쉽게 이룬 운명   276

교수 지식과 정보를 분명하고 명확하게 전달하는 운명   278

빼어난 식상   279

문화센터 강사 자신에게 부과된 책임과 의무를 재주와 능력으로 바꿔낸 운명   281

구조 분석   282

일간

격

식상, 재성, 관성이 맞물려 돌아가다

자연스레 생긴 직업

관성의 역량

방송인, 국회의원 빛을 반사시키며 반짝거리는 운명   287

구조 분석   288

빛을 받고 빛을 발하다

경계 내에 머물다

방송국 PD 인식의 주체가 되기를 단념한 운명   291

구조 분석   292

존재감이 약한 일간

일간이 처한 상황

월지와 대운, 일간을 구하다

글 뒤에

부록

부록 1

천간합天干合이 빚어내는 시간 302
천간합의 의미 304

부록 2

사주 세우기 308
네 기둥의 구성 308
연주 월주 구성하기
일주 시주 구성하기

시간에서 고려할 사항 태양시와 서머타임

대운大運 결정하기 316
대운 적용 316
대운찾는 법 316
대운이 시작되는 나이 정하기 319
순행
역행

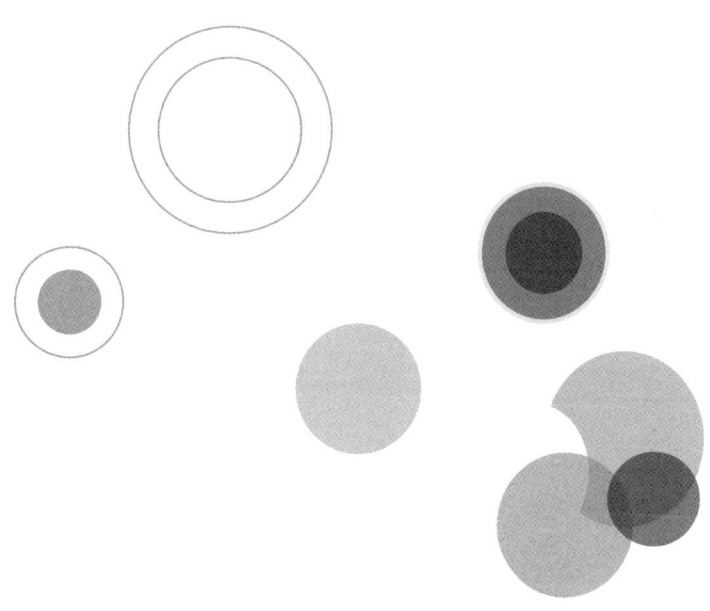

1부 | 음양과 오행

오행의 발생

음과 양, 마법을 부리다

　음양에서 어떻게 다섯 가지 오행五行이 나왔을까요?
　주역에서는 음양이 분열해 사상(四象; 태음 태양 소음 소양)이 생겼다고 하지요. 정말 음양에서 오행이 나온 과정을 주역으로 모두 다 설명할 수 있을까요? 사상이 나왔으니 4행인 목화금수는 이끌어낼 수 있을지 모르겠습니다만, 토는 행방이 묘연하거든요.
　우리는 토를 포함한 다섯 가지 요소가 어디서 어떻게 나오는지 찬찬히 따져볼 것입니다. 그러기 위해 먼저 태극太極을 살펴보겠습니다.

태극

태극은 음양의 변화를 말하며 그것은 네 단계로 구분할 수 있습니다.

1단계 : 내부도 음이고 외부도 음인 음의 단계

2단계 : 내부는 음이지만 외부가 양인 양의 단계

3단계 : 내부도 양이고 외부도 양인 양의 단계

4단계 : 내부는 양이지만 외부가 음인 음의 단계

네 단계를 그림으로 나타내면 아래와 같습니다.

음은 검정색 원, 양은 흰색 원으로 표현되었습니다.

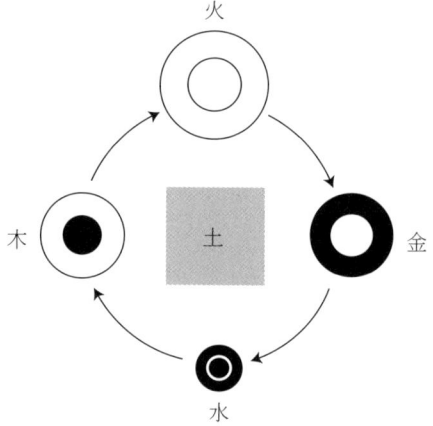

여기서 1단계 즉 음음은 내부도 음이고 외부도 음인 수를 뜻합니다. 위치도 맨 아래쪽이라 가라앉은 모습이군요. 3단계인 양양은 내부도 양, 외부도 양인 화를 나타내며 한껏 팽창해버려서 그런지 자리도 위쪽입니다. 중간에 놓인 목과 금도 살펴봅시다.

왼쪽의 목과 오른쪽의 금은 음과 양이 반반씩 분포되어 있네요. 그렇다면 방향만 다를 뿐 비슷비슷해 보여 그냥 친구 삼아 서로 잘 지낼 수 있겠다 싶었는데 자세히 보니 구조가 완전히 반대네요. 즉 왼쪽의 목은 내부는 음이지만 외부가 양이라 팽창(성장)할 수 있습니다. 하지만 오른 쪽의 금은 내부는 양이지만 외부가 음이라 안에서 아무리 뻗어나가고 싶은 양의 기운이 있어도 바깥에서 허락하지 않습니다. 그렇다면 금은 왜 자신의 내면이기도 한 양의 목소리를 외면하는 것일까요? 이제 그 속사정을 좀 파헤쳐봅시다.

금은, 안과 밖이 완전히 팽창한 화와 안과 밖이 모두 수축해 있는 수의 중간에 있습니다. 최대로 퍼져나간 화의 단계를 극도로 위축된 수의 단계로 돌려놓아야 하는 임무를 띠고 있지요. 이런 사정 때문에 어쩔 수 없이 음양을 반반씩 가지게 된 것이지요. 그리고 목은 바깥이 양이다 보니 내부의 음에 아랑곳하지 않고 마음껏 기세를 펼칠 수 있지만 외부가 음인 금은 그럴 수도 없겠지요?

여기까지는 음양陰陽이 사상四象으로 분할된다는 주역의 원리[01]로도 설명이 됩니다. 다만 주역에서는 선분(-)으로 4상을 표현한다면 우리는 도형을 사용했을 뿐이지요. 어찌 되었건 시작과 끝 그리고 그 두 과정을 잇는 중간 단계를 넣어 총 네 가지 상태가 나왔습니다. 네 가지 기운이 마련

---

01 주역은 컴퓨터의 비트(bit, 0, 1)와 비슷합니다. 二分법으로 계속 나뉩니다.

된 것이지요.

재미있는 것은 이런 변화가 사계절에도 그대로 반영되어 있다는 겁니다. 만물이 꽁꽁 얼어붙는 겨울은 水를 의미합니다. 그 추운 계절을 지나 따스한 온기가 피어나는 봄은 木을 뜻하지요. 그러고 보면 목의 계절인 봄이 영어로 튀어 오르고 뻗어 나가려는 spring인 것도 이해할 만하지요?

태양이 이글거리는 여름은 火의 기운이 요동칠 때입니다. 열기가 치솟는 계절이지요. 가을은 한껏 달아올랐던 뜨거운 기운을 불러들여 음의 기운으로 수축시켜야 합니다. 확장의 기세를 꺾어 놓는 가을이 fall인 것도 그럴 만하군요. 지금 우리는 오행을 살펴보고 있고 그래서 각 요소를 계절과 연결시켜 보았습니다. 그렇다면 토는 어디에 갖다 붙일까요? 없는 계절을 하나 더 만들 수도 없고 참 난감하네요.

土의 정체

우리가 4행인 목화금수는 계절과 연결시킬 수 있었습니다. 계절은 시간의 변화가 반영된 것이지요. 그렇다면 토는 시간과 엮일 수 없는 좀 독특한 존재일 것 같지요?

네. 그렇습니다. 토는 시간의 변화를 간직한 4행을 담아주는 그릇입니다. 공간을 제공하는 것이지요. 우리가 발붙이며 살아가는 대지도 토의 역할을 수행하고 있습니다. 앞에서 살펴본 4행은 음과 양을 구분해볼 수 있었지요. 때문에 태극(음양의 변화단계)이라는 말도 할 수 있었습니다. 토는 음양으로 분리해낼 수 없는 중립 상태에 있습니다. 그래서 토는 무극이라 부릅니다.

　토는 자신이 4행인 목화금수의 변화과정을 고스란히 받아주어야 하는 공간적 존재라는 것을 잘 알고 있기에 중앙에 있습니다. 토가 공간을 제공하고 자신의 역할을 성실히 수행해내기 때문에 4행은 시간의 변화를 아무 걱정 없이 표현할 수 있답니다. 덕분에 우주宇宙는 시간의 변화를 드러내는 4행과 공간을 제공하는 토가 서로 어우러지는 거대한 시공간이 될 수 있지요.

　혹시 여기까지의 내용이 좀 어렵게 느껴지는 독자가 있을 수도 있으니 서비스 차원에서 딱 한 문장으로 요약해 드리겠습니다.

　　　오행 중, 목화금수는 시간을 담당하고 토는 공간을 제공한다.

오행의 속성

앞에서는 음양에서 오행으로 변하는 과정을 알아보았습니다. 이제 다섯 가지 요소를 하나하나 살펴볼 순서군요. 먼저 맨 아래쪽의 수를 탐색해 볼까요?

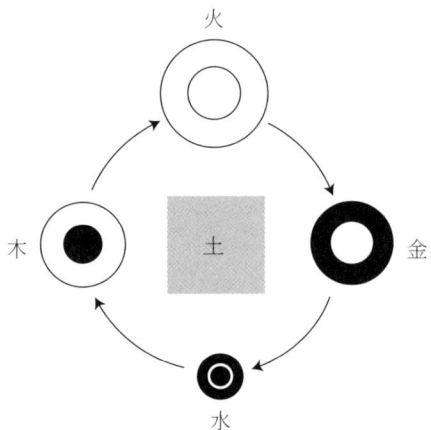

水, 에너지의 전령

변화의 시작점을 차지한 水는 응축된 에너지입니다.

수는 내부도 음이고 외부도 음이었지요. 완전히 음의 성질만 갖고 있으니 뭐 특별히 분쟁이 일어날 일은 없겠지요. 다만 양의 기운이 하나도 없다 보니 균형을 잡기는 어렵습니다. 고정된 모습을 유지하지 못하고 계속 흘러내립니다. 음과 양이 적절히 배분되어 있어야 일정한 형상을 갖추어 한 곳에 머물 수 있는데 그럴 수 없는 水는 두루 흘러 다니겠군요.

수라고 하면 우리 머릿속에는 여러 형태의 물이 떠오를 것입니다. 오행은 변화하는 기운을 의미하는 것이지요. 그렇다면 수를 살펴볼 때는 수 기운을 먼저 상상하는 것이 좋겠네요. 그런 다음 우리 주변에서 흔히 발견할 수 있는 다양한 물을 생각하면 되겠습니다.

출렁이는 바다, 흐르는 강물, 무지개를 만들며 떨어지는 폭포수, 성난 듯이 휘몰아치는 폭풍우, 컵에 담긴 잔잔한 물까지 다양한 물의 모습을 그려보는 것은 수의 기본적인 속성을 이해하는데 많은 도움이 될 것입니다.

水의 속성

어둡고 차갑고 느립니다

음으로만 이루어진 수는 성격도 어둡고 차갑습니다. 양으로만 이루어진 화가 밝고 쾌활한 것과 반대지요. 외부에서 어떤 자극이 있어도 쉽게 반응을 하지 않고 혹 반응을 하더라도 시간이 오래 걸립니다. 그래서 답답하다는 소리도 듣게 되지요. 게다가 속을 잘 드러내지 않기에 음흉하다는 소리를 듣기도 합니다.

구석구석 파고듭니다

　압축된 에너지인 수는 어디든 흘러들 수 있습니다. 고정된 모양이 없다 보니 자연스럽게 흘러갑니다. 수는 세상 만물의 깊숙한 곳까지 구석구석 깊이 파고들 수 있습니다.

사색하고 탐구하는 능력이 있습니다

　바깥에서 보면 어둡고 차갑고 답답하게 보이지만 그렇다고 움직임이 아주 없지는 않습니다. 우리 눈에 쉽게 포착되지 않을 뿐 끊임없이 생각을 이어가며 지혜를 만들고 있습니다.

시작의 기운이 있습니다

　어떤 일이든 시작이 있고 진행과정이 있고 종결이 있지요. 수는 일의 시작 단계와 관련이 많습니다. 무슨 일이든 새롭게 시작하려면 시행착오가 생기기 마련인데 지혜가 많은 수가 그 역할을 맡는다면 큰 걱정은 하지 않아도 되겠군요.

생명체의 에너지로 쓰입니다

　형체가 없는 수는 흐름을 가로 막지만 않으면 어디든 스며들 수 있다고 했지요. 수가 흘러가는 길목에는 다양한 생명들이 있습니다. 풀, 나무, 꽃, 곤충 등 무수한 생명체들은 수가 지나가는 그 길목에서 수가 나타나기만을 손꼽아 기다립니다. 수가 와야 목마름도 해결하고 성장에 필요한 자양분도 얻을 수 있기 때문이지요.

木, 생명의 화신

　목은 수에서 화로 변해가는 중간 단계의 기운입니다.
　내부는 음이지만 외부가 양이라 무한히 뻗어나갈 수 있습니다. 팽창하며 자라는 생명의 기운이지요. 목을 대표하는 물상으로는 나무가 으뜸이지만 생명현상을 이어가는 존재라면 모두 목의 기운을 품고 있습니다. 그럼 목의 특성들을 하나씩 살펴보겠습니다.

木의 속성

연결과 접속의 능력이 뛰어납니다

　목은 자신의 영역을 벗어나 다른 대상과 접속하고픈 소망이 있습니다. 거대한 관계망을 구축하려는 것이지요.

부드럽고 유연합니다

목은 자신보다 강한 세력이 위협을 해도 쉽게 주눅 들지 않고 자신만의 협상 능력을 발휘할 수 있습니다.

끈기와 인내를 지녔습니다

목은 포기를 모릅니다. 어렵고 힘든 일이 닥쳐도 좌절하지 않고 삶을 이어갑니다.

火, 속전속결의 마법사

목에서 한 단계 더 나아간 화는 내부도 양이고 외부도 양입니다.

음음으로 이루어진 수와는 정반대지요. 게다가 자신만 빛나는 것이 아니라 주변까지 환하게 비춰줍니다. 수의 물상이 물이었다면 화의 물상은 빛입니다. 촛불, 모닥불, 이글거리는 태양, 전자, 전기 등도 화의 기운을 품고 있습니다. 이제 빛은 어떤 속성이 있는지 알아봅시다.

火의 속성

숨김이 없고 솔직합니다

음의 기운이 없다 보니 무엇인가를 간직하고 보관할 수 없습니다. 모든 것을 드러낼 수밖에 없지요.

순발력이 뛰어나 임기응변에 능합니다

분초를 다투는 다급한 상황에서도 재치와 기지를 발휘합니다.

뒤돌아보지 않고 앞으로만 나아갑니다

어떤 일을 추진하다가 잘못되어도 중도에서 그만 두거나 되돌아와 다시 출발하지 않습니다. 때문에 화끈하고 멋져 보이기는 하지만 내실이 없습니다.

쾌활하고 열정적입니다

화는 빠르고 급한 성격 때문에 한 곳에 가만히 있지 않고 주변까지 들썩거리게 만듭니다. 축제의 장을 만드는 것이지요.

土, 4행을 감싸 안는 넉넉한 품

앞에서 보았던 음양의 변화 그림에서 토의 위치를 떠올려보세요. 4행인 목화금수는 바깥에 배치되어 있었지만 토는 중앙을 차지했지요. 시간을 담당한 4행은 계절의 변화를 민감하게 반영하며 변해가지만 공간을 차지한 토는 별로 움직이지 않습니다. 토가 요동하지 않고 중심에서 균형을 잡아주는 것은 4행의 순환을 돕기 위해서입니다.

만약 이 우주에 4행인 목화금수만 있고 토가 없다면 어떻게 될까요? 한껏 팽창했던 화가 수축하는 금으로 잘 이어지기 어렵겠지요. 수에서 목으로, 또 목에서 화로 진행하는 동안은 변화의 흐름이 자연스러웠습니다. 화에서 금으로 넘어가는 단계는 흐름이 원만하지 않지요.

이런 경우, 중앙을 차지한 토가 조정력을 발휘해 열정으로 달아올랐던 화를 금으로 돌려보냅니다. 토는 앞만 보고 달려갔던 화를 거두어 금으로 연결합니다. 토의 성질을 정리해봅시다.

土의 속성

질서를 부여하고 중용을 실천합니다

마음이 큰 토는 자신을 필요로 하는 대상을 거부하지 않습니다. 만물을 가리지 않고 포용하되 나름의 법칙을 정해 교통정리를 하는 것이지요.

생명이 깃들 수 있는 터전이 됩니다

토가 없다면 홍수가 나도 막을 수 없습니다. 토가 없으면 불씨는 꺼지고 나무는 뿌리를 내릴 수 없습니다. 토가 있어야 삶을 이어갈 수 있습니다.

휴식의 귀중함을 일깨워 줍니다

토는 나아갈 때와 멈추어 쉴 때를 알아 자신의 흐름을 유지해 나갑니다. 앞만 보고 가는 화에게서는 결코 배울 수 없는 지혜군요.

金, 관리 본능을 드러내는 감찰관

금은 목과는 정반대 구조입니다.

안이 음이지만 밖이 양인 목과 달리 금은 안은 양이지만 바깥이 음이지요. 금의 모양이 이렇게 된 것은 이유가 있습니다. 최대로 팽창해 나간 화를 수습해야 하는 임무를 맡았기 때문입니다.

목은 새로운 세계와 접속하며 확장해 나갈 수 있었습니다. 그런 목에서 한 단계 더 나아간 화는 앞만 보고 달렸지 되돌아올 줄 모릅니다. 이 화는 토에서 한번 정리가 되긴 했지만 여전히 발산하려는 욕구를 품고 있습니다. 이런 화를 넘겨받은 금의 처지를 한번 생각해보세요.

튀어 나가고만 싶은 화를 외부에서부터 수축해 들어가야 하는 금은 스트레스도 많습니다. 금이 잠깐이라도 방심하면 그래서 화가 다시 뛰쳐나가기라도 하면, 이 세상은 불바다가 되고 말겠지요. 금이 없으면 처음 출발했던 수의 단계로 무사히 돌아갈 수 없습니다. 금의 성격을 좀 더 따져 볼까요?

金의 속성

제어하고 통제하는 역할을 주도합니다

목이 확장과 성장에 능하다면 금은 축소하고 관리하는 일에서 뛰어난 자질을 발휘합니다. 흐트러진 모습을 용납하지 않지요.

성과나 결실을 얻습니다

팽창하고 발산하는 봄여름만 있다면 농부는 수확을 기대할 수 없습니다. 열매는 성숙의 과정인 가을이 만들어내는 것이니까요.

지금까지 음양에서 오행이 나오는 과정을 간략히 훑었습니다. 준비운동을 한 셈이지요. 다음 장에서는 오행에서 10간으로 분화되는 과정을 살펴보겠습니다. 그냥 사주풀이부터 배우고 싶다고요?

네. 그런 마음이 들 수 있습니다. 그래도 자신을 알기 위해 운명 공부를 하는 것인데 이쯤에서 그냥 사주풀이를 해 버리면 자기 탐구가 제대로 되지 않습니다. 좀 더 많은 정보가 필요합니다.

우주, 팽창하고 수축하고

그리스의 자연 철학자 탈레스는 우주의 근원을 물이라 하였습니다.

'만물은 유전流轉한다'는 명언을 남긴 헤라클레이토스는 만물의 바탕을 불로 보았습니다. 모든 존재가 항상 움직이며 변하고 있다는 점을 주목한 것이지요.

이 두 철학자의 견해를 동시에 받아들이면 음양을 대표하는 水와 火가 나옵니다. 우주를 대표하는 기운이라고도 할 수 있습니다. 에너지의 원천인 수와 에너지가 최대로 발산한 화가 조화를 이루는 것이지요.

엠페도클레스를 포함한 많은 자연철학자들은 지구에 있는 물질을 4원소(물, 불, 흙, 공기)[02]로 설명했습니다. 이것은 오행의 목화금수와 연결시킬 수 있겠군요. 아리스토텔레스는 네 가지 원소 외에 지구 바깥에는 아주 특별한 다섯 번째 원소가 있다며 그것을 에테르라 불렀습니다.

---

02 여기서 흙은 土보다는 金의 속성을 더 많이 가졌습니다.

하도와 낙서

우리는 중국의 고전 〈사서삼경〉에 대해서는 잘 알고 있습니다. 읽어본 분도 있겠지만 꼭 읽지는 않았다 하더라도 각각의 이름 정도는 외우고 있습니다. 〈사서삼경〉은 유교의 가르침을 전할 목적에서 나온 경서였습니다.

유학의 경전인 경서와는 다른 위서緯書[03]라는 것이 있습니다. 길흉화복에 대한 예언과 점을 치는 복술이 들어있었다는 위서는 민간에서 음성적으로 유통되었습니다. 하도와 낙서도 위서로 분류되었습니다. 그러다 보니 널리 알려질 수는 없었습니다. 위서에 속하는 하도와 낙서에 음양오행의 원리가 담겨 있습니다. 별 의미는 없을 거 같은 단순한 그림 속에 엄청난 우주 비밀이 숨어 있습니다.

하도와 낙서는 오래된 설화에서 비롯되었습니다. 설화나 신화라고 하면 정확성에서는 의문이 생기지만 그렇다고 무턱대고 부정할 수만은 없습니다. 그런 이야기에도 인류의 무의식적 기억이 스며있고 근거가 부족한데도 오랜 세월을 견디며 후대에 전해지는 데에는 숨겨진 의미가 있기 때문이지요.

중국의 기원과도 연관이 있는 하도설화는 모계 중심 씨족사회에서 부계 중심의 씨족사회로 넘어가는 과정에서 나왔습니다. 신석기 말기(기원전 4000년 전쯤)에서 초기 청동기까지는 권력보다 관계를 중요시한 모계

---

03 7위서(시위·역위·서위·예위·악위·춘추위·효경위) 외에 상서중후, 논어참, 하도(河圖), 낙서(洛書) 등도 위서로 거론됩니다.

중심의 사회로 비교적 평온했답니다. 사람들은 의식주를 해결하고 자손을 이어가는 것 외에는 크게 욕심을 부리지 않았지요. 간혹 분쟁이 일어나더라도 규모가 작았고 길게 이어지지 않았습니다.

청동기에 접어들자 큰 힘을 발휘할 수 있는 무기가 나왔습니다. 다툼도 점차 많아졌겠지요. 그러면서 힘을 가진 자는 지배자가 되고 그렇지 못한 경우는 피지배자가 되는 과정을 통해 인간사회는 큰 변화를 겪습니다.

하도와 낙서는 힘을 중요하게 여기던 시기에 나왔습니다. 하도와 낙서에는 힘이 작동하는 원리가 오행으로 표현돼있습니다. 오행을 이해하는 것은 바로 힘을 이해하는 것입니다. 음양오행에는 황하 강이 흐르는 넓은 중원에서, 농경문화를 이룩한 사람들이 처음으로 힘을 인식한 과정이 들어있습니다. 이런 배경을 기억하면서 하도와 낙서를 살펴봅시다.

하도, 수축하는 우주

하도설화

〈사기〉에 따르면 중국역사 최초로 등장한 부족국가의 제왕은 황제(黃帝, 기원전 2700년경)입니다. 중국의 창조설화는 황제보다 앞서 삼황(세 명의 제왕으로 복희, 신농, 여와)이 있었다고 전합니다. 복희씨는 하늘의 지혜를 스스로 터득하여 땅 위에 사는 인간을 살핀 신인(神人)이었습니다. 그는 그물을 만들었고 사람들에게 수렵을 가르쳐 주어 먹고사는 어려움을 해결해주었다고 하지요. 어느 날 그는 하늘에서 미세한 무늬를 관찰하고 대지에 나타난 신묘한 결(땅의 변화)을 연구해 그림문서로 남겼는데 그것이 하도입니다. 과정은 이렇습니다.

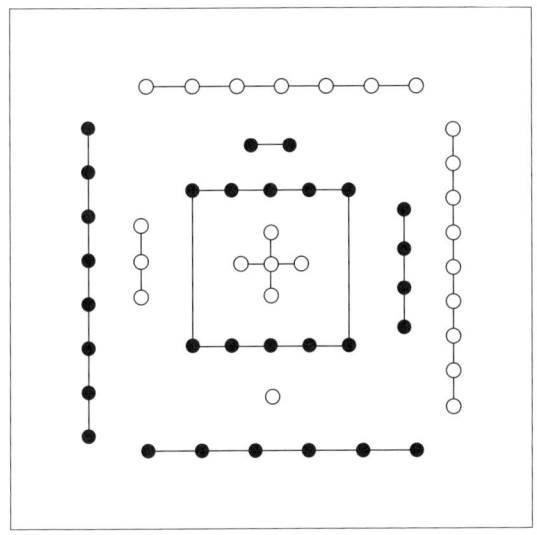

복희씨가 황하에 있는데 하늘에서 번개가 치더니 강에서 용의 머리를 한 말이 나타났습니다. 처음에는 너무 놀라 뒤로 물러섰지만 정신을 차리고 용마를 꼼꼼히 살폈습니다. 그랬더니 용마의 옆구리에 이상한 무늬가 있었답니다. 그는 이 무늬가 하늘에서 내려준 신비한 선물이라 생각했습니다. 단순해 보이는 문양에 우주변화의 비밀이 담겨있을 거라 믿으며 오래 연구한 끝에 이치를 터득했고 그것으로 세상도 잘 다스렸다고 합니다.

신화나 설화로 전해오는 오래전의 이야기이니 별로 믿고 싶지 않다는 분들이 있겠지요. 네. 괜찮습니다. 그런 분들은 이야기는 무시하더라도 바둑알처럼 보이는 무늬에는 관심을 좀 가져보기 바랍니다. 이제 밋밋해 보이는 그림문서, 하도에 대체 무슨 우주의 비밀이 있다는 건지 따져봅시다.

검은 점과 흰 점은 오행을 숫자로 표시한 것입니다. 1에서 10까지의 숫자가 나타난 걸 보면 기원전 3천년 경에도 10진법이 쓰였다는 얘기군요. 이 숫자를 오행으로 바꾸기만 하면 하도를 이해할 수 있어요.

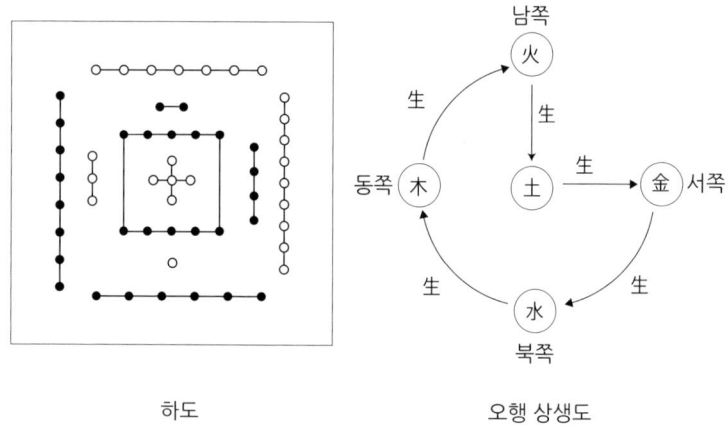

하도   오행 상생도

보통 지도에서 북쪽은 위쪽에 배치하는데 오행을 설명할 때는 아래쪽에 둡니다. 북쪽은 水와 연관이 있어요. 물은 무거운 기운이고 아래로 흐르는 속성이 있지요. 그래서 위보다는 아래에 두는 것이 자연스럽기 때문입니다. 북쪽이 아래라는 점을 기억하기 바랍니다.

동쪽은 해가 떠오르는 곳이지요. 木의 성질에서 설명한 것처럼 양의 기운이 점점 증가하는 동쪽은 木이 발생하는 방향입니다. 동쪽에 木을 배치해야겠군요. 남쪽은 태양이 가장 높게 떠있는 곳으로 뜨거움이 극에 달하는 방향이지요. 양의 기운이 가장 팽창하는 곳입니다. 음은 없고 양만 왕성한 곳이니 火가 놓입니다.

서쪽은 태양이 넘어가는 곳이지요. 뜨거워진 火 기운도 점점 약해집니다. 음기가 바깥부터 에워싸면서 기세를 점차 확장해나갑니다. 金이 생기는 방향입니다. 마지막으로 중앙은 4행의 변화를 감지할 수 있는 土가 머무는 장소입니다. 변화가 일어나는 곳이 아닙니다. 변화를 일으키는 4행을 감지하고 받아들이는 공간이니 土가 배치됩니다.

동쪽 (목, 봄)	남쪽 (화, 여름)	서쪽 (금, 가을)	북쪽 (수, 겨울)
검은 점 8개	검은 점 2개	검은 점 4개	검은 점 6개
흰 점 3개	흰 점 7개	흰 점 9개	흰 점 1개

위의 표는 바둑알 개수를 오행과 방위, 계절과 연관시킨 것입니다.

1과 6은 水를 나타내고 방위는 북쪽이며 계절은 겨울입니다.

2와 7은 火와 남쪽, 여름에 해당합니다.

3과 8은 木과 동쪽, 봄을 의미합니다.

4와 9는 金과 서쪽, 가을을 나타냅니다.

하도에서 오행의 위치를 보면 오행이 흐르는 방향을 알 수 있습니다. 북방에서 시작하여 동방, 남방을 거쳐 토에서 잠시 머물다 서방을 통과하고 다시 북방으로 자연스럽게 순환합니다. 오행의 상생관계를 따로 암기할 필요도 없습니다. 순서대로 따라가면 됩니다. 水는 木을 상생하고 木은 火를 상생합니다. 火는 변화의 방향을 바꾸기 위해 土에 잠깐 머물러 있습니다. 土는 金을 거치고 金은 水를 상생하면서 오행순환이 이어지고 있지요.

수축하는 하도 순환

오행에서 말하는 상생相生은 태양의 움직임에 따른 에너지의 변화를 의미합니다. 시간에 따라 에너지가 순차적으로 변화한 것이지요. 상생에 대해서는 물리적으로 생각해볼 필요가 있어요. 상생은 기가 상생하는 쪽에서 상생받는 쪽으로 움직입니다. 끌리는 힘이 작동하는 거지요. 이 상생이 계속 이어지면 어떻게 될까요? 변화가 한쪽 방향으로만 지속되면 무슨 일이 벌어질까요?

상생이건 상극이건 변화는 土를 중심으로 일어납니다. 상극은 아직 설명하지 않았으니 상생만 생각해보지요. 상생이 계속되면 토의 입장에서는 점점 내부로 끌려 들어가게 됩니다. 구심력이 작용해 회오리바람처럼 수축하며 돕니다. 그러다 어느 순간 한 점으로 축소되면 土는 사라질 수밖에 없을 텐데 이거 큰일이군요.

하도에서처럼 상생운동만 일어나면 우주공간은 쪼그라들다가 결국 한 점으로 압축되고 말 겁니다.

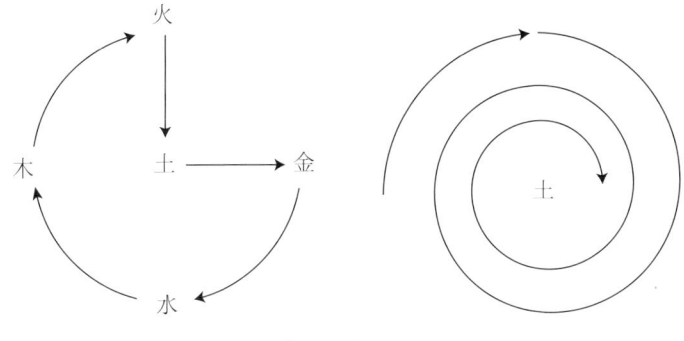

수축하는 하도 순환

위 그림은 안쪽으로 빨려 들어가는 하도의 순환을 표현한 것입니다. 우주가 수축운동만 했다면 우리가 사는 이 세상은 존재할 수 없습니다. 수축이 극에 달해 한 점으로 사라져 버리는 현상만으로는 우주를 설명할 수 없지요. 수축 순환이 있다면 반대로 팽창하면서 순환하는 현상도 있어야겠지요. 하도의 문제를 해결할 낙서를 소개하겠습니다.

낙서, 팽창하는 우주

낙서는 하도가 나오고 많은 세월이 흐른 기원전 2000년경에 나왔습니다. 낙서는 하나라를 건국한 우왕과 연관이 있어요. 우는 홍수전문가였는데 순 임금시대에 대홍수를 막아내[04] 나라까지 세웠어요. 그는 넘쳐흐르는 물을 처리하느라 13년 동안 집에도 못가고 밤낮으로 일했답니다. 그러던

---

04 전해오는 얘기에 따르면 아버지 곤이 하던 일을 아들 우가 이어받습니다. 아버지는 보를 쌓아 물을 막으려다 치수에 실패했지만 우는 보를 없애고 물을 다른 방향으로 흘려보내는 방법으로 성공했다고 하지요.

어느 날 낙수(황하강의 지류)에서 희한한 무늬가 그려진 거북이등을 발견했대요. 우는 그 무늬에 하늘의 계시가 들어있을지도 모른다고 믿고 그림 무늬를 깊이 연구했다는군요. 그 과정에서 낙서의 무늬는 하도의 무늬와 연관이 있음을 알았어요. 즉 사물을 이해하고 세상을 잘 다스리려면 서로 당기는 상생 외에 서로 반발하는 상극의 힘도 필요하다는 것을 알고 나서야 홍수에 대처할 수 있었답니다.

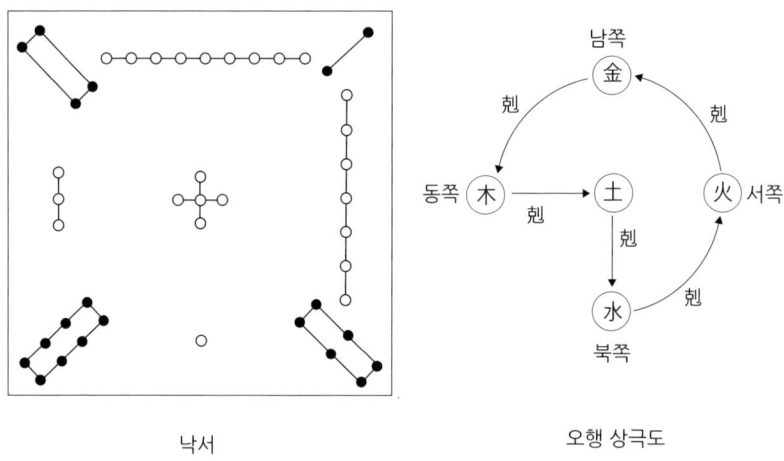

낙서   오행 상극도

낙서는 하도와는 분위기가 좀 다르지요? 점들이 외곽으로 나가 있습니다. 방향표시를 나타낸 상극도를 봐도 하도와는 약간 다릅니다. 자세히 보니 하도의 남쪽과 서쪽에 있던 火와 金이 바뀌었네요. 그러니까 火와 金의 자리를 맞바꾸면 상생에서 상극으로 다시 순환이 일어난다는 그런 의미가 담겨 있는 것 같지요?

이제 낙서에서 일어나는 팽창 순환에 대해 살펴보기로 합시다.

낙서순환, 상생에서 상극으로

하도에서 남쪽은 팽창이 최대로 일어난 火의 자리이고 서쪽은 火가 줄어드는 곳이니 金이 있지요. 낙서에서는 火와 金을 서로 바꾸어 놓았습니다(금화교역). 그렇다면 왜, 무슨 이유로, 火와 金을 맞바꿔 버렸을까요? 또 물리적으로는 바뀐 火와 金이 어떤 의미가 있을까요?

이것은 수축만 하는 하도의 문제를 해결하기 위해서랍니다. 금과 화가 바뀌면 이제 하도와는 다른, 반대 방향의 순환이 일어납니다. 시계반대 방향으로 돌면서 상극相剋관계가 형성됩니다. 물리적으로 생각하면 서로 상극을 한다는 건 서로 밀어내는 힘이 작용한다는 뜻입니다.

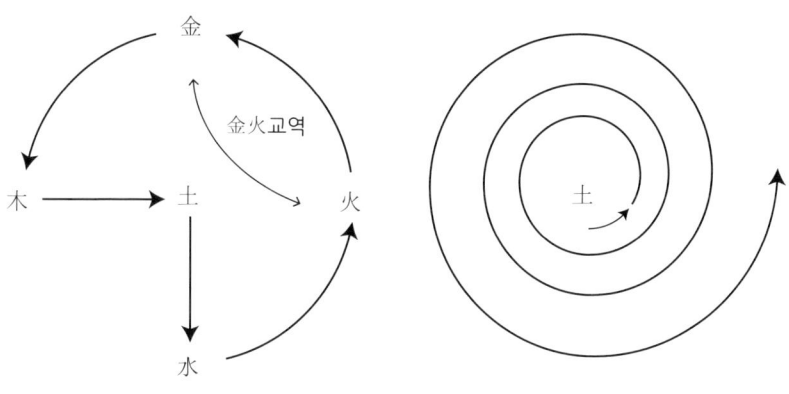

금화교역, 낙서의 팽창

화살표 방향으로 상극하는 힘이 작용해 팽창하는 회전운동이 일어납니다. 하도에서는 상생하는 힘이 시계방향으로 작용했다면 낙서에서는 밀어내는 상극의 힘이 시계 반대방향으로 작용합니다. 서로 밀어내면서, 폭발하는 힘이 느껴지는 그림이 낙서입니다. 그래서 오행을 표시하는 숫자(바둑알 모양의 점들)도 흩어져 있습니다.

土, 4행의 조정자

이제 하도와 낙서를 연결시킬 방법에 대해서 생각해봅시다. 낙서에서는 순환을 책임지는 10 土가 큰 역할을 합니다. 그러면 10이라는 숫자만 찾으면 되겠네요. 좀 이상하군요. 낙서에서는 잘 보이지 않습니다. 낙서에는 10이 없는 걸까요? 아니면 어디 깊숙하게 숨어버린 것일까요?

이제 숨은 그림, 아니 숨은 10 찾기 게임을 해보겠습니다.

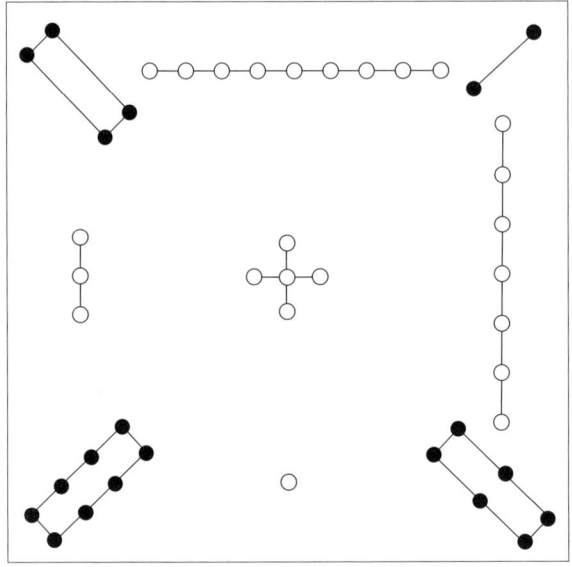

낙서에서 대각선으로 마주보는 점들을 합해볼까요? 그 점들을 합하면 모두 10이 됩니다.

왼쪽의 3점과 오른쪽 7개를 더하면 10개

아래쪽 1개와 위쪽 9개를 더하면 10개

이렇게 하면 나머지 것도 모두 10개가 나옵니다.

3+7=10

1+9=10

4+6=10

2+8=10

하도에서 중앙에 있는 숫자 10은 수축하는 공간을 의미합니다. 낙서는 수축운동이 아니니 중앙에 있으면 안 되고 바깥으로 나가 팽창하고 있습니다.

낙서는 하도를 꼬아놓은 것이지요. 남쪽의 火와 서쪽의 金을 교차시켰으니까요. 원래 木火는 팽창하는 방향성을 가지고 있지요. 金과 水는 수축하는 방향성을 갖습니다. 그래서 목화를 하나로 묶고 금수를 함께 묶을 수 있습니다. 그럼 하도에서 낙서로 변한다는 것은 목화와 금수가 서로 교차하는 것이겠군요. 서로 다른 성질을 가진 요소들이 충돌하지 않고 위치를 바꿀 수 있으려면 중간에서 제어해주는 조정자가 있어야겠지요. 그 역할을 토가 나서서 능숙하게 수행하고 있습니다.

하도에서는 한 점으로 수축돼 버렸던 토가 낙서에서 다시 팽창이 일어나기 때문에 우리가 이 우주에서 살아갈 수 있습니다.

2부 | 10간과 12지

60갑자, 10간 12지의 조합

60갑자, 10간 12지가 만들어낸 건축물

앞에서는 음양에서 오행이 나오는 과정을 보았습니다. 이제 오행에서 10간과 12지로 전개되는 과정을 살펴볼 텐데요. 이 10간과 12지가 만나 60갑자를 만듭니다. 2016년은 병신년이지요. 여기서 병은 10간이고 신은 12지입니다.

10간과 12지는 10천간天干과 12지지地支를 줄인 말이지요. 10간과 12지라는 두 개의 층이 결합하면 60가지의 간지干支가 나오고 그것을 60갑자라 부릅니다.

10개의 天干 : 위층

甲, 乙, 丙, 丁, 戊, 己, 庚, 辛, 壬, 癸

(갑 을 병 정 무 기 경 신 임 계)

甲丙戊庚壬 – 양, 乙丁己辛癸 – 음

12개의 地支 : 아래층

子, 丑, 寅, 卯, 辰, 巳, 午, 未, 申, 酉, 戌, 亥

(자 축 인 묘 진 사 오 미 신 유 술 해)

子寅辰午申戌 – 양, 丑卯巳未酉亥 – 음

갑자甲子 기원

60갑자는 언제부터 시작되었을까요? 60갑자의 기원에 대해서는 남겨진 자료가 별로 없답니다. 신화나 설화의 형태로 이야기되는 정도입니다. 이 책에서는 전해오는 얘기를 참조하되 그것과 견줄 수 있는 추리를 병행하겠습니다. 그럼 널리 알려진 신화를 살펴봅시다.

중국의 건국시조로 섬김을 받던 황제黃帝가 나라의 기틀을 다져가던 중에, 중원 지역의 전쟁영웅이었던 치우와 대결하게 되었다. 치우는 용맹한 성격에다 세력까지 막강해 황제는 우여곡절 끝에 간신히 승리했다. 그렇지만 전쟁의 후유증이 너무나 커 유혈은 수백 리를 흐르고 역병까지 돌아 민생은 도탄에 빠졌다. 재앙이 온 나라를 휩쓸자 황제는 목욕재계를 하고 경건함을 갖추어 하늘에 도움을 청했다. 황제의 간절한 기도를 듣고 마침내 하늘에서 특별한 방편을 내려주었고 그것이 바로 우주의 비밀코드인 10간과 12지였다. 황제는 대요라는 신하에게 10간 12지의 원리를 더 탐구하도록 일렀다. 황제의 뜻을 받든 대요는 무수한 시행착오를 거친 다음 10간과 12지를 순차적으로 결합시켜 60갑자 순환을 생각해냈다.

기원전 2700년경의 일이니 지금으로부터 무려 4700년 전이군요.

위의 이야기를 그대로 다 받아들이기는 어렵습니다. 다만 이런 생각은 해볼 수 있겠네요. 고대 사람들은 하늘에서 기의 흐름을 읽고, 땅에서 징조를 느끼며, 그것을 문자로 표시하고 일정한 시점을 추리해서 60갑자의 시작 날짜를 잡았다고 말입니다.

60갑자의 출발

60갑자는 무엇을 근거로 정했을까요?

이제 추리 상상력이 필요한 시간입니다. 시간을 거슬러 올라가 우리가 고대인의 입장에서 60갑자의 시작점을 잡아보는 겁니다. 먼저 지구에 영향을 미치는 몇 개의 천체들을 생각해봅시다. 태양과 달이 있겠군요. 혹성 중에는 가장 영향력이 큰 목성도 있고요.

중국인들에게 익숙한 별자리 28숙[05]도 있습니다. 수천 년 전의 문명이라고는 하지만 하늘의 움직임에 관심이 많았던 황하 문명의 고대인들이라면 적어도 이 정도는 고려했을 겁니다. 그러니까 태양계의 혹성들이 지구와 일직선으로 모이는 시점에서 60갑자가 시작되었다고 유추해보는 것이지요.

고대인들이 선택한 시점이 양력 12월 22일 새벽 0시이면서 동시에 음력 11월 초하루 밤 0시가 되는 시각이라고 해볼까요? 때는 한겨울 동지의 밤하늘, 달은 합삭(달이 태양과 지구 사이에 들어가 일렬이 되는 때)이니 태양과 달과 지구가 일직선을 만들겠지요.

목성도 고려해야겠죠? 목성은 혹성 중에서 가장 크고 지구와의 거리도 비교적 가까워 지구에 끼치는 파급력이 막강합니다. 목성은 공전주기가 11.862년이니 12지의 순환주기인 12년과 크게 차이가 나지 않아 일정한 위치에서 매우 편하게 관측할 수 있습니다.

이처럼 어떤 시점에 태양과 달, 지구, 목성까지 일직선이 되는 천문현상이 있었고 그것이 최초의 갑자년, 갑자월, 갑자일, 갑자시가 되어 60갑자가 출발했다고 보는 것이 그나마 가장 설득력 있는 추리랍니다. 그 시점의 천체 배열을 한 번 떠올려보기 바랍니다.

---

05   28숙은 서양 점성술에서 잘 알려진 조디액(zodiac)의 별자리(12궁)에 견줄 만한 동양의 별자리입니다.

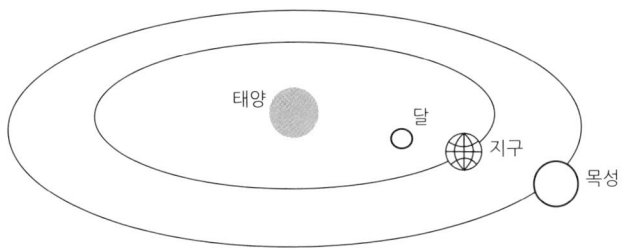

60갑자의 출발을 나타내는 천체 배열입니다.

양력 12월 22일경 동지 밤 12시(음력 11월 1일),

태양과 달과 지구가 일직선을 이루고, 목성도 이 선과 일렬을 이루는

이때부터 60갑자가 시작되었겠군요.

10천간, 시간이 만들어낸 능력자

10천간의 유래

10천간天干[06]은 5행에서 분화돼 나왔습니다.

10간은 목화(갑을, 병정)와 금수(경신, 임계)로는 시간의 변화를 표현하고 토(무, 기)를 통해서는 공간의 수축과 팽창을 드러냅니다. 10간은 시간과 동일하다고 할 수는 없지만 시간적 요소가 잠시도 쉬지 않고 작용하므로 시간코드로 보아도 큰 문제는 없습니다. 다만 시간 에너지가 충돌을 일으키지 않고 잘 연결될 수 있게 공간도 수축과 팽창을 통해 시간의 변화에 발맞추는 정도로 이해하면 좋겠습니다. 이것저것 함께 생각하는 것이 귀찮다 싶으면 그냥 시간코드로만 기억하기 바랍니다.

---

06 10천간을 10간, 12지지를 12지라고 간단히 부릅니다.

10간의 변화를, 뫼비우스 띠처럼 위와 아래를 꼬아 표현한 것입니다.

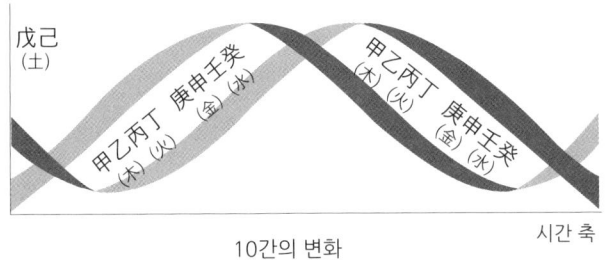

10간의 변화

10간과 12지에 대한 자료는 많습니다. 음양오행을 연구하는 분들은 주로 〈적천수〉[07]와 〈궁통보감〉[08]을 참고합니다. 적천수와 궁통보감은 오행을 배우고자 하는 사람들이 두고두고 볼 수 있는 훌륭한 책입니다. 10간과 12지가 잘 설명돼 있습니다. 다만 오래전에 나온 책이어서 현대인의 감각과 정서에는 잘 맞지 않는 부분이 있습니다. 그래도 음양오행의 고전에 해당하는 중요한 책이니 분위기라도 좀 느껴보자는 취지에서 오늘날의 정서에 맞게 수정한 내용을 '고전의 지혜'라는 대목으로 일부만 전달하겠습니다.

10간 12지 탐구를 시작하기 전에 한 가지 일러둘 게 있습니다. 열 개의

---

[07] 적천수 : 명나라의 개국공신 유백온이 지은 책을 청나라 중기에 임철초가 상세한 해석을 붙여 〈적천수천미〉라고 하였습니다. 이것을 1935년 대만의 서낙오가 편집해 〈적천수〉라는 이름으로 책을 펴냈습니다.

[08] 궁통보감 : 원래 제목은 〈난강망〉으로 저작자와 저작연대는 알려져 있지 않습니다. 이것을 청나라 때 여춘태가 〈궁통보감〉으로 소개했습니다. 이후 서낙오가 다시 편집해 책을 출판했지요. 현재 유통되는 〈궁통보감〉은 서낙오 판입니다.

천간이 순차적 흐름으로 이어져있다는 것입니다. 열두 개의 지지도 마찬가지입니다.

　이미 살펴본 오행의 변화과정도 그랬습니다. 수에서 목으로 변화하고 그 목이 다시 화로 이어졌지요. 토는 화를 수렴해 금으로 나아갑니다. 금은 다시 수로 이어지고 수는 또 목으로 연결되면서 끊임없는 순환이 일어나는 것이지요. 시간성을 표현하는 10간도 그렇습니다. 갑목이 을목으로 변하고 을목이 병화로 진행하는 일련의 과정이 딱딱 끊어진 단절된 것이 아니라 연속성을 띤다는 점을 꼭 기억하기 바랍니다.

　먼저 갑목을 살펴보겠습니다.

갑목 甲木, 타협하지 않는 꼿꼿한 선구자

위로 곧게 올라가는 힘

강하게 치솟는 생명 에너지

갑목은 열 개의 천간 중에 제일 먼저 등장합니다.

甲이라는 글자를 보면 밭 전田자에 꼬리를 단 모양입니다. 땅 밑에서부터 흙을 뚫고 나와 점점 자라는 새싹의 모습을 닮았습니다. 갑목은 태어나기 전에 水의 기운을 머금은 흙속에 있었답니다. 컴컴하고 깊은 곳에서 오래 기다렸던 생명의 기운이 밝은 세상에서 어린 싹으로 나왔으니 거침없이 자라고 싶겠지요. 동양의 고대인들은 새싹을 보며 생명이 태동하는 모습을 유추해내었고 그 이름을 갑목으로 지었답니다.

水가 木으로 변하는 것은 블랙홀에서 화이트홀로 반전되어 새로운 세계가 열리는 것과도 같습니다. 저승의 세계가 이승의 생명 세계로 바뀐 것입니다. 압축된 에너지가 솟구치는 甲목이 된 셈입니다. 갑목은 대단한 자부심을 가지고 바르게 성장하려는 기세를 가졌습니다.

목의 성질을 곡직曲直으로 표현할 때 갑목은 직선으로 곧게 뻗어 나가는 直의 성질이 있습니다. 곧은 나무에 비유됩니다. 곡曲은 직에서 변화한 것으로 부드럽고 유연하게 자라는 기운입니다. 갑목 다음에 이어지는 을목은 곡의 성질이 있습니다.

갑목의 속성

개척자 정신을 가졌습니다

갑목은 10간 중 맨 처음 나왔습니다. 앞장을 서다보면 위험한 일도 많겠지요. 그래도 대장이 되고 싶은 기질이 있어서 몸을 사리지도 않고 성격도 밝습니다. 갑목은 쑥쑥 자라 생명의 기운을 퍼뜨려야 하니 火의 도움이 필요합니다. 火는 추위를 물러가게 해 나무의 성장도 이끌지만 생명에 위협을 가하는 金을 혼내주기도 하니 여러모로 도움이 됩니다.

일정한 모습을 유지해 바르고 곧게 자랍니다

오행 중에서 일정한 형태를 유지하는 것은 金과 木입니다.

水는 그릇에 담기지 않으면 흘러버리고 火는 앞으로만 나아가며 에너지를 발산해버립니다. 土는 4행을 수용하기 바쁩니다. 갑목도 나무고 을목도 나무니 모두 형체를 갖습니다. 그래도 갑목은 부드럽게 자라는 을목에 비해 더욱 단정한 모습을 유지하려 합니다.

갑목이 자신의 기질대로 곧고 바르게 자라는 것이 쉽지는 않습니다.

자연은 생명체가 순조롭게 성장할 수 있는 환경을 그저 마련해 주지는 않지요. 성장을 방해하는 경우도 많습니다. 갑목이 그런 상황에 직면하면 어떻게 될까요? 타고난 곧은 속성을 보류하고 유연하게 대처해야겠지요. 갑목도 처음엔 자신의 기질을 참고 노력을 합니다만 너무 큰 압력이 가해지면 그만 포기해버립니다. 자신의 자존심을 더 이상 굽히려하지 않고 차라리 부러지는 쪽을 택하는 거지요. 갑목은 한 평생 고귀한 정신으로 꼿꼿하게 살고자 노력했던 선비를 닮았습니다.

火로 먼저 통제하고 金으로 다스려야 합니다

갑은 자존심을 먹고사는 나무입니다. 생명 의지는 강하지만 곧게만 자라려다 보니 융통성은 부족한 편이지요. 혹독한 시련을 만나면 부러지기 쉽습니다. 을목은 부러져도 부러진 상태로 삶을 이어가지만 곧은 나무인 갑목은 부러지면 그걸로 끝입니다. 갑목은 자라는 동안은 날카로운 金을 싫어합니다. 무성해지고 나면 필요 없는 가지는 제거하고 열매를 맺기 위해 金의 제어를 받아들일 수 있습니다.

이것은 인간의 운명에도 해당되는 이야기입니다. 갑목으로 태어난 아이를 키울 때는 조심해야 합니다. 나쁜 버릇을 고치려 할 때도 강한 자극이나 충격을 주는 것은 좋지 않습니다. 인내심을 가지고 천천히 잘못된 점을 스스로 느끼도록 하는 것이 중요합니다. 조급해 하지 않고 기다려주면서 서서히 통제하면 부모가 원하는 방향으로 자랄 것입니다.

고전의 지혜

甲목은 하늘을 향해 쭉쭉 뻗으며 올라가는 양목입니다. 이른 봄은 추위가 완전히 물러가지 않은 때이므로 따스한 화를 원합니다. 여름이면 건조함을 해결할 수 있는 적당한 습기가 필요합니다. 열매를 맺는 가을에는 금이 적절한 역할을 해주면 좋겠네요. 차가운 겨울은 나무의 뿌리가 얼어붙지 않도록 조심해야 합니다.

을목乙木. 여러 갈래로 뻗어가는 유연한 협상자

상하좌우로 벌리며 자라나는 힘
부드럽고 섬세한 생명에너지

음양에서 오행이 나왔고 오행에서 10간과 12지가 나왔습니다. 10간과 12지가 만나 60갑자가 되고 그것이 끊임없이 순환하고 있습니다. 음양에서 60갑자로 이어지는 이 기운들은 순차적으로 변화해가는 힘이고 에너지입니다.

을목은 갑목과 별개의 것이 아닙니다. 甲이 시간이 지나면서 주위 환경에 적응해가는 과정에서 발생하는 것이 乙입니다. 꼿꼿한 갑목에 비하면 을의 유연함은 자칫 약한 모습으로 보일 수 있습니다. 내면을 따지면 꼭 그렇지만은 않습니다.

갑이 왜 을로 변하는지 한 번 생각해 봅시다. 10개의 천간은 나름의 존재이유가 있습니다. 甲목은 어두운 곳에서 밖으로 튀어 나오는 데에만 정신이 팔려 시선을 위쪽으로만 두었습니다. 다양한 각도로 방향을 잡을 여력이 없었습니다.

갑목의 성장을 이어받은 을목의 입장은 좀 다릅니다. 이제 외부 환경에 어느 정도 적응도 되었으니 여유가 있습니다. 갑목만큼 굳건한 기상은 없는 대신 부드럽고 유연한 성격을 가졌습니다.

자연의 변화에는 음양운동이 담겨 있습니다. 굽이치는 파도처럼 쉴 새 없이 변화합니다. 파동처럼 움직이는 것이지요.

파동도 전체적으로는 앞으로 진행하지만 작은 범위에서는 약간의 후퇴도 일어납니다. 음과 양이 교차하기 때문이지요. 양의 기운이 작동할 때는 세찬 활동이 일어나고 음의 기운이 작용할 때는 활동이 잠시 느슨해지는 것이지요. 이것이 을목의 성장방향이 갑목과 다른 이유입니다.

을목은 위로만 자라지 않고 여러 방향을 탐색하며 다채로운 변화를 추구합니다. 을목은 여러 갈래로 벌어지며 휘는 곡曲의 성품을 가졌습니다. 을목은 변화하는 환경에 부드럽게 대처하면서 섬세한 아름다움을 가진 유기체입니다.

을목의 속성

잡초와 같은 질긴 생명력이 있습니다

흔히 乙목을 화초나 꽃나무에 비유합니다.

을목을 유약하게 보는 것은 겉모습만 보고 판단해서 그렇습니다. 내면을 모르고 하는 소리지요. 乙의 생명 의지와 환경적응력은 정말 대단합니다. 글자 乙의 모양을 봐도 땅에 붙어서 비바람을 이겨내며 잘 자랄 것 같지 않나요?

을목은 생명을 위협하는 金이 짓밟아도 옆으로 비켜 나 살아남을 수 있습니다. 잡초와 같습니다. 겉은 약해 보여도 속은 강인한 생명력이 자리 잡고 있습니다.

가르치고 배우는 활동과 관련이 많습니다

나무가 水를 흡수하는 과정은 배우고 익히는 활동으로 이해할 수 있습니다. 水는 지식과 정보를 의미하는데 위로만 향하는 꼿꼿한 갑목에 비해 유연하게 자라는 乙목은 학습능력에서도 다양한 방향성을 드러냅니다.

서로 다른 상상력의 세계를 꽃피울 수 있는 교육은 창의성이 요구되는 분야이지요. 이것은 을목의 기질과 아주 잘 맞습니다. 10간 중 어린 생명을 가르치고 돌보는 일에 꼭 들어맞는 대상을 꼽는다면 乙목이 단연 1등입니다.

섬세한 감각을 발휘해 아름다움을 추구합니다

목은 원래 火를 좋아합니다. 생명력을 뿜어내려니 당연히 화가 있어야겠지요. 을목이 화에 끌리는 이유는 좀 특별합니다. 을목은 단순히 자라는 것에만 관심을 두지 않습니다. 아름다움을 추구하는 속성이 있거든요.

그래서인지 같은 목이지만 갑목을 갖고 태어난 사람과 을목을 지니고 나온 사람은 직업에서도 차이가 있습니다. 갑목은 위로 우뚝 솟는 건축이나 건설에 재능이 있다면, 乙목은 글을 쓰거나 그림을 그리거나 디자인을 하는 등 섬세한 감각이 요구되는 작업에서 능력을 발휘합니다.

을목은 자신의 모습을 꾸미는 것도 무척 좋아 합니다. 거울 앞에서 보내는 시간이 많습니다.

고전의 지혜

을목은 꽃과 같습니다. 을목은 외부에 민감하게 반응합니다.

사계절 내내 火의 따뜻함을 바라고 水의 도움을 원합니다. 10간의 성질상 같은 오행은 서로 경쟁관계에 있어 별로 좋아하지 않는데 을목은 갑목을 좋아합니다. 바르고 곧게 자라는 갑목에 의지해 넝쿨을 뻗을 수 있기 때문이지요.

병화 丙火. 자신의 빛으로 세상을 밝히는 자원봉사자

순식간에 사방으로 퍼져나가는 에너지
최대로 발산하는 태양의 빛

乙에서 丙으로 넘어가는 단계는 급격한 공간 확장이 따릅니다. 그것은 새벽에 동이 틀 무렵, 별안간 태양이 눈부신 광채를 내뿜는 것에서도 느낄 수 있지요. 병화의 맹렬한 기세에는 맞설 상대가 없답니다. 갑목에서 보았던 솟구치는 생명력도, 팽창하는 병화에 비하면 기세가 약하지요. 을목에서 병화로 바뀔 때의 격렬한 변화는 우주의 원시 에너지가 순식간에 폭발하는 빅뱅(big bang 우주가 생성될 때 일어났던 대폭발)과도 비슷합니다.

병화는 에너지가 가장 팽창한 것입니다.

丙은 빛날 炳(병)자와 연관이 있습니다. 병화는 만물을 온전히 드러냅니다. 빛은 과학이 발달한 오늘날에도 여전히 이해할 수 없는 존재랍니다. 빛이 파동인지 입자인지 불확실하거든요. 존재하는 실체이기도 하고 순간순간 변하는 에너지이기도 하니까요. 이처럼 물체와 에너지를 넘나드는 능력을 가진 빛은 1초에 30만km로 날아다닙니다. 그러면서 '더 높이, 더 빨리, 더 멀리'를 외칩니다.

병화의 속성

어둠을 밝히고 자신의 역량을 과시합니다

양의 불 丙화는 태양과 같습니다. 자신의 빛으로 세상 만물을 명확하게 드러냅니다. 이치에 밝고 솔직해서 무엇을 숨길 수 없습니다. 대중 앞에 나서서 떠드는 것도 좋아합니다. 홍보와 광고의 전문가인 셈이지요. 매스컴과도 인연이 많습니다.

실제로 사물을 변형시키고 개조하는 일은 음에 속한 丁화가 많이 합니다. 丙화는 앞에 나서서 사람들을 불러오는 홍보부장에 가깝습니다.

봉사와 사랑의 마음을 지녔습니다

병화의 빛은 넓은 곳에 골고루 퍼져나갑니다. 병화는 타자를 위한 마음을 가졌습니다. 봉사와 사랑, 헌신이 체질인 셈입니다. 행동하기 전에 따지는 성격이 못되지요. 감당할 수 없는 일도 시작하고 봅니다. 그러다 에너지가 바닥나면 어쩔 수 없이 흙으로 돌아갑니다.

열정은 대단하나 끈기가 없습니다

멈추지 않고 앞으로만 나갑니다. 오지랖도 넓어 어디든 간섭하고 주위 분위기를 주도합니다. 끓어오르는 열정을 주체할 수 없기 때문이지요. 가장 큰 약점은 내부에 음의 기운이 없으므로 끈기가 부족하고 지속성이 없다는 것입니다. 기력이 떨어지면 내가 언제 그랬냐는 듯 금방 식어버릴 수 있습니다.

나무를 살려내 문명탄생에 기여했습니다

일반적으로 火가 약하면 木의 도움을 받아야 합니다. 상생상극에 따른 당연한 결론입니다. 태양 빛에 비유되는 병화는 좀 다릅니다. 추워서 얼어 죽을 지경인 나무에게는 한 가닥 희미한 햇살이라도 비춰주기만 하면 버틸 수 있습니다.

병화는 목의 도움을 받기보다는 오히려 나무의 생존과 성장을 돕습니다. 이것은 문명의 발전과정도 연관이 있습니다. 초목이 병화의 도움으로 알곡과 열매를 맺듯, 인류도 긴 시간을 병화에 기대어 통과해 나오면서 문명을 만들었습니다.

고전의 지혜

병화는 퍼져나가는 힘이 강해 추위를 제거하는 공덕이 있습니다.
土를 만나면 함께 봉사와 사랑을 실천하려 합니다. 강한 金은 복종시킬 수 있습니다. 水가 위협해도 조급하게 구원을 바라지 않고 버틸 수 있을 때까지 버팁니다. 양중의 양이라 자존심이 강하고 쉽게 꺾이지 않는 성품을 지녔습니다.

정화 丁火. 미세한 영역을 속속들이 드러내는 발견자

    모여들어 약해진 빛

    나무에 의지해 타는 불꽃

    丙화에서 丁화로 변하는 과정이 쉽게 이해되지 않을 수 있습니다. 강한 불이 갑자기 약한 불이 된다니 이상할 겁니다.

    이렇게 생각하면 좋겠네요. 최대로 확산된 빛이 한곳으로 모여들었다고요. 그래서 우리가 감각할 수 있는 불로 변한 단계라고 말입니다.

    병화 빛은 넓게 퍼져나가며 발산하는 기운이었지요. 이런 병화에게 남은 것은 다시 수축하는 과정뿐입니다. 이제 병화 내부는 수축이 일어납니다. 그 과정이 정화죠.

    자연에서는 아주 사소한 변화 과정 하나에도 반드시 이유가 있기 마련입니다. 병화가 수축하는 것은 4행의 변화를 수용하고 서로 다른 기운을 무리 없이 연결해주는 土 기운이 작용하기 때문입니다.

    토를 렌즈로 생각해보죠. 병화가 토로 수렴되는 과정은 공간이 수축하는 것과 같습니다. 즉 빛을 담고 있는 매체가 수축하면 블록 렌즈 효과가 생기고 빛이 안쪽으로 모이면서 정화 불꽃으로 변합니다.

정화의 속성

좁은 곳을 비추며 조용히 타오릅니다

병화에 비해 비추는 범위가 확 줄어들었지만 요란하지 않고 고요한 가운데 꾸준히 불빛을 유지합니다. 병화는 순식간에 하늘을 뒤덮는 힘입니다. 정화는 대상의 요구에 맞게 자신의 역량을 조절하는 힘이지요. 물질을 정교하게 다룰 수 있는 불이라 실용성이 뛰어납니다.

木에 의지합니다

丁화는 불꽃이 꺼지지 않고 계속 타오르려면 木의 도움이 있어야 합니다. 저절로 타오르는 태양이 아니니까요. 정화는 병화에 비해 목과 긴밀한 관계를 유지합니다. 물리적으로도 목과 직접 맞닿을 수 있습니다.

그렇다고 목에 늘 기대기만 하는 건 아닙니다. 이건 문명의 발전과정을 보더라도 알 수 있어요. 병화는 생명을 살려낸 공으로 문명 태동에 기여했었지요. 정화는 인간이 문명을 더욱 찬란히 꽃피울 수 있게 했습니다. 즉 자신의 불꽃을 유지시켜준 인간의 노력에 감사하며 받은 것 이상으로 다시 돌려준 것이지요.

金을 개조해 유용하게 만듭니다

정화가 금을 다루면 금은 새로운 모습을 갖습니다. 병화는 금을 만나도 거리를 두고 다스립니다. 직접 맞닿아 제어하기는 어렵습니다. 정화는 좀 다릅니다. 금이 갖는 종혁(강한 자를 따르는 성질)을 이용해 쇠를 녹이고 모양을 다듬어 유용한 도구로 만듭니다. 녹이 슬어 쓸모없을 것 같은 쇠붙이도 정화를 만나면 세련된 모습으로 변모합니다.

과학과 기술의 급격한 발전은 정화의 작품입니다

어두운 곳을 조용히 밝히는 정화는 사물의 미세한 곳까지 파고들어 특정 부위를 확대하는 능력이 있답니다. 우리 육안으로는 분간할 수 없는 곳에서 문제를 파악하고 해결점을 찾아냅니다. 첨단과학의 미세한 부분에서 작동하는 전기나 전자도 정화 불꽃입니다. 반도체, 컴퓨터, 통신, 인터넷도 정화의 활동 무대지요.

고전의 지혜

정화를 무턱대고 약하다고만 하면 안 됩니다. 정화는 병화에 비해 상대적으로 기세가 약해보일 뿐 불꽃을 오래 지킬 수 있습니다. 불길이 거세지더라도 기운을 조절할 수 있지요. 불씨가 곧 사라질 위험한 상황에도 목이 있으면 언제 어디서든 살아날 수 있으니 정화는 저력이 있는 불입니다.

무토 戊土, 터전을 제공하고 중용을 가르치는 공간

멈추어 쉬며 조정하는 단계

광활하고 마른 땅

우주에는 4행을 담아둘 그릇이 필요합니다. 木火金水의 변화를 수용할 공간이 있어야 하니까요. 그 역할을 土가 합니다. 기질이 다른 4행이 서로 충돌하지 않게 잘 다독여 변화를 조정합니다.

戊土는 무성하다는 무茂에서 나왔습니다. 널리 광범위하게 펴져 있는 양의 흙입니다. 우리가 살고 있는 지구에서는 광활한 대지가 무토에 해당합니다.

무토의 속성

4행을 차별 없이 감싸 안는 포용성이 있습니다

水는 땅 위도 오가고 땅 아래도 적시며 강과 지하수를 만듭니다. 이 물에 기대어 木은 생명을 유지합니다. 火는 목에게 따뜻한 에너지를 제공해 생명현상을 북돋워 줍니다. 金은 암석이 되거나 열매가 되어 결과물을 땅 속으로 다시 돌려보냅니다.

끊임없는 4행의 활동도 토가 없으면 이어질 수 없습니다. 무토는 수축하는 금수와 팽창하는 목화가 마음껏 변화할 수 있게 장소를 제공합니다.

무심하지만 정의롭고 공정합니다

무토는 대자연의 거친 흙에 비유됩니다. 습기가 없어 건조하고 투박합니다. 무토를 갖고 태어난 사람도 무토와 닮은 데가 있습니다. 자신을 둘러싼 주변 사람들의 감정을 잘 헤아리지 못합니다. 이것은 분명 단점이지만 더러 장점이 될 때도 있습니다. 어떤 일을 수행할 때 사사로운 감정에 구속받지 않고 공평과 공정을 지향할 수 있기 때문입니다.

고전의 지혜

공명정대한 무토는 봄과 여름철에는 땅의 기운을 열어 만물을 잘 자라게 하고, 가을과 겨울에는 만물을 거두어 덮어버립니다. 만물을 지배하고 다스리는 역할을 합니다. 모든 것이 무토를 중심으로 왔다 갔다 하는 셈입니다.

기토ㄹ土, 생명이 깃들 수 있는 부드러운 공간

> 평형을 이룬 단계
> 생명이 자라는 부드러운 흙

기토는 무토가 비바람에 풍화돼 부드러워진 것입니다. 습기가 없는 무토에서 약간의 水를 흡수했으니 생명친화적인 땅이 되었습니다. 살아 움직이는 흙, 기토는 세상 만물에 생명을 불어넣어 줍니다. 생명 있는 존재들은 기토에 의지해 살아갑니다.

기토는 10간 중, 가장 중화된 상태, 평형을 유지하고 있습니다. 기토는 우주가 가장 편안한 상태를 의미합니다.

기토의 속성

기토는 木과 金을 잘 다스립니다

木火金水는 토를 중심으로 순환합니다. 토가 4행을 감싸 안아 순환을 조정하고 있지요. 토의 순환기능을 좀 나누어 살펴봅시다. 너른 터전인 무토는 수와 화를 잘 다룹니다. 기토는 목과 금을 특히 잘 조절합니다. 앞에서 金과 木은 일정한 형상을 유지할 수 있다고 했습니다. 기토는 금과 목의 부딪힘을 막는 완충 기능을 합니다.

己토는 생명이 깃드는 땅입니다

己토는 촉촉하고 부드러운 땅이라 생명이 기댈 수 있습니다. 사람의 주거지와도 밀접한 곳이지요. 일상에서 늘 의지하고 이용할 수 있는 땅입니다. 己토의 기반 위에 집을 짓고 마을을 이루고 길을 만들었습니다. 물을 끌어들여 논밭도 일구고 농사도 지었지요. 인간은 己토에 기대어 역사를 만들어갑니다.

己토는 우주의 수축과 팽창을 담당합니다

하도와 낙서를 다시 봐야겠네요. 하도부터 보지요.

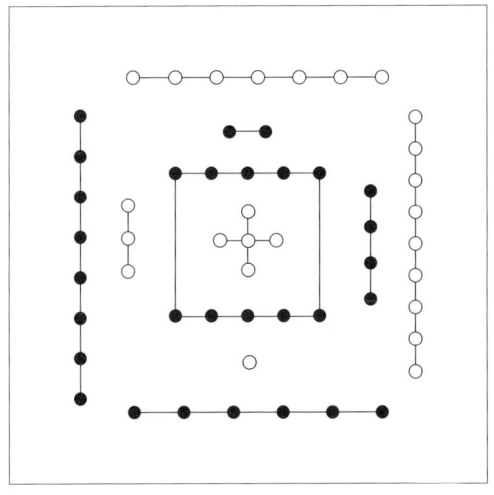

하도는 戊토와 己토가 중앙에 있어 모든 힘이 안쪽으로 빨려듭니다. 낙서는 다릅니다.

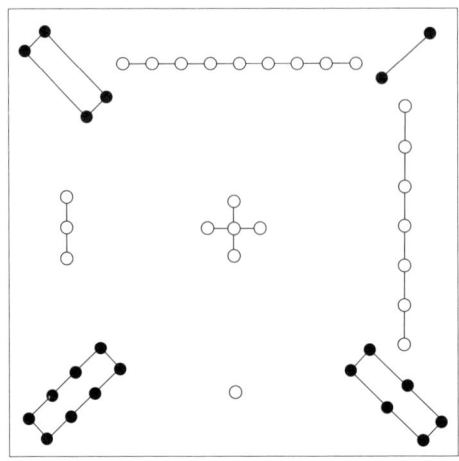

戊토는 중앙에 있지만 己토는 바깥으로 나와 있지요. 팽창하며 확산하는 모습입니다. 움직임의 주체는 己토였네요.

고전의 지혜

기토는 만물이 의지하는 땅입니다. 기토는 성품이 부드러워 木이 무성해도 저항하지 않고 나무에게 양분을 공급합니다. 물도 거센 홍수로 덤비지만 않으면 두려워하지 않고 잘 흡수합니다. 火를 만나면 불씨를 간직해 만물을 따뜻하게 합니다. 金을 만나면 품어줍니다. 기토는 여러 모로 유익한 흙입니다.

경금 庚金, 변화방향을 돌려놓기 위해 등장한 뻣뻣한 전사

수축하는 힘

매끄럽지 못한 원광석, 설익은 열매

잠시 10간의 변화를 단계별로 나누어볼까요?

전반부는 팽창하는 木火의 과정이었습니다. 후반부로 가면 수축하는 金水단계로 접어듭니다. 그 중간에 戊己토가 등장해 잠시 휴식을 취했지요.

기토 다음에 오는 경금은 전반부의 甲乙丙丁이 경험했던 변화 방향과는 정반대 기운입니다. 극한에 다다른 팽창의 기세가 더는 뻗어나가지 못하고 土에서 잠시 정지해 있습니다. 이제 왔던 길을 되돌아 가야할 순간입니다. 달려온 것과는 완전히 다른, 수축의 과정을 밟아야 하지요. 그때 등장한 기운이 경금입니다. 진지한 태도에 분위기는 엄숙하고 표정까지 잔뜩 굳어있는 경금의 출현은 그 자체로 주변을 긴장시킵니다.

庚금은 모습을 바꾼다는 更(경)과 연관이 있습니다.

팽창만 하던 기운이 더는 진행하지 못하고 굳어지기 시작한 최초의 모습이 경금입니다. 변화의 방향을 바꾸는 첫 단계이다 보니 어설프기 짝이 없습니다. 찬찬히 살피면 어딘지 모르게 좀 불편해 보입니다. 기량도 완벽하지는 않은 것 같고요. 장군처럼 위엄을 갖추려고 하지만 허점이 많습니다.

일상에서 경금을 닮은 사물을 생각해봅시다. 외형은 강하고 단단하게 보이지만 내부는 불순물이 섞인 원광석이나 지하 광물자원, 각종 금속이 있겠군요. 또 외피는 딱딱하지만 속은 과육이 들어찬 과일이나 여물어 가는 열매도 경금의 예에 해당합니다.

경금의 속성

경계를 설정하고 규칙과 절차를 강요합니다

경금은 자유롭게 살고 싶은 木과는 정반대 기질을 지녔습니다. 생명은 구속받는 것을 싫어하지만 경금은 오히려 방만한 것을 싫어합니다. 일정한 테두리가 주어지지 않으면 불편하게 여깁니다.

사주에 경금이 들어있는 사람은 다른 기운을 가진 사람에 비해 결단성이 강하고 엄격한 질서와 규칙을 불편한 기색 없이 수용하기 쉽습니다. 체제유지에 적격인 성품이지요.

火의 연단이 필요합니다

경금은 불로 연단 받기를 원합니다. 그 이유가 무엇일까요?

자신이 못났다는 것을 알기 때문입니다. 못난 놈이 못난 줄 알고 있으니 다행이군요. 경금은 火로 녹여 불순물을 제거하면 얼마든지 모양을 바꿀 수 있습니다. 그래서 경금은 불이 자신을 힘들게 해도 별로 불만이 없습니다. 자신을 빛나게 해준다는데 믿고 따를 수밖에요.

따지고 보면 10간도 개별적 인격을 가진 생명체와 같습니다.

강한 자에게 복종하는 종혁성이 있습니다

경금이 불의 연단을 좋아하는 것은 강한 자에게 복종하는 종혁의 기질로도 볼 수 있어요. 종혁縱革은 강력한 힘을 지닌 세력이나 대상이 나타나면 자신의 기질이나 속성을 포기하고, 사고나 행동을 강한 쪽에 맞추는 것을 의미합니다.

원래 단단하고 굳은 金은 성질이나 태도를 바꾸는 것이 쉽지 않지만 강한 火가 작용하면 형태를 바꿀 수 있습니다.

중요한 산업자원으로 쓰입니다

경금은 원래 수축이 일어나는 초기 단계에서 형성되었기에 내부 조직도 치밀하지 않고 구조도 허술합니다. 경금의 성격을 띠는 물상들은 火로 달구고 水로 씻어내면 생산현장에서 중요한 자원으로 탈바꿈합니다. 원광석도 유익한 도구로 변모해 일상에서 유용하게 쓰이려면 먼저 불에서 단련되고 물로 말끔히 씻어내는 과정을 수없이 반복합니다.

과학이 발달한 오늘날에는 예전에 비해 금을 다루기가 훨씬 수월해졌습니다. 다룰 기법도 다양해졌고요. 이 얘기는 金이 사람들과 점점 친숙해지고 있다는 것으로도 이해할 수 있습니다.

고전의 지혜

경금은 만물을 내리누르는 가을의 기운으로 생명의 성장을 억제합니다. 강건하고 엄숙한 분위기로는 10간 중 으뜸이지요. 자신을 달구는 강한 불을 만나면 녹아내리며 굴복합니다. 그래도 쉽게 소멸되지는 않고 물로 식히면 다시 본성을 회복하니 잘 연마하면 기구나 도구로 거듭납니다.

경금의 본성은 거칠고 투박한 무사나, 통솔하고 지휘하려는 관리자에 가깝습니다. 저항하는 갑목은 힘으로 정복하고 다스리지만, 부드러운 을목과는 함께 어울립니다. 을목과 맺는 관계에는 속사정이 있습니다. 거칠고 둔중해 예리함이 떨어지는 경금이 휘어지고 구부러지는 을목의 부드러움을 어떻게 처리할 수 없어 마지못해 받아들이는 것이랍니다.

신금 辛金. 정리하고 정돈하는 분리수거의 달인

여러 방향에서 정교하게 일어나는 제어작용

빛나는 보석, 잘 익은 열매

辛金은 거칠고 투박한 庚金이 시간이 흐르면서 마모되고 단련된 것입니다. 정교하고 세련된 모습으로 변한 것이지요. 경금은 압축하는 힘이 아래로만 작용한 데 반해 신금은 힘이 여러 방향으로 가해졌습니다. 깎이고 마모되면서 외모가 단정해졌고 내부도 치밀한 짜임새를 갖게 되었지요. 그래서인지 옛날 사람들은 신금을 단단하고 빛나는 결정체, 보석, 장신구에 비유했답니다.

우리 주변에서 신금의 모습과 닮은 물상은 어떤 것이 있을까요? 생산현장에서 널리 쓰이는 산업용 기계, 첨단과학 장비, 자동차, 컴퓨터, 인터넷 장비, 의료기기, 전산장비, 통신기기, 최신 사무용기기 등을 떠올릴 수 있습니다.

신금의 속성

매섭고 야무지며 날카롭습니다

경금이 둔탁한 원광석이라면 신금은 이미 연단된 예리한 칼, 정교한 기계라 하겠습니다. 잠시 금과 목의 관계를 생각해봅시다. 금은 목을 억압하는 기운이지요. 먹이사슬 관계로 보면 금은 목을 잡아먹는 포식자와 같습니다. 같은 금이지만 경금과 신금의 작용은 또 좀 다릅니다.

부드러우면서도 생명력이 강한 을목의 입장에서 생각해봅시다. 겉으로는 강하게 보이지만 엉성한 구석이 있는 경금의 칼날은 피할 수 있습니다. 달아날 여지가 생기는 것이지요. 신금은 다릅니다. 날카롭고 예리한 신금의 칼날은 여러 방향으로 작용합니다. 을목은 신금 앞에서는 신경이 곤두설 수밖에 없습니다.

水와 火가 있는 상황에서는 다릅니다. 신금이 목을 위협하지 않습니다. 정밀한 기계로 변모해 생산현장에 배치되거나, 정교한 수술도구가 돼 생명을 살리는 역할을 합니다.

예리한 신금은 水를 좋아합니다

경금은 火의 연단이 절실하다고 했습니다. 물[09]도 필요하기는 하지만 절대적이진 않습니다. 신금은 水를 더 좋아합니다. 신금은 왜 수에 끌리는지 사정을 알아봅시다.

신금은 금, 은, 보석과 같습니다. 이미 연단을 끝낸 자신에 대해 자부심 이상의 자만심을 갖고 있어요. 어느 정도는 도취해 있습니다. 그러다 보니 신금은 한 단계 더 나아가려 합니다. 또다시 불로 연단을 받기보다는 맑은 물을 만나고 싶은 것이지요. 이것은 金生水의 과정입니다. 壬수는 辛금의 도움으로 깨끗한 물이 됩니다.

사주에 辛이 있는 사람들은 뛰어난 기술을 보유한 전문 직업인이 될 수

---

09 庚금은 火로 먼저 연단하고 난 뒤에 水로 담금질하면 좋습니다. 辛금은 水로 씻어서 광채를 내고 상황에 따라 따뜻한 火로 비춰주면 됩니다.

있습니다. 여기서의 기술은 인문적 분야라기보다는 자연계의 기술입니다. 팽창하는 木火는 인문·사회·예술 등의 정신적 산물과 연관이 많습니다. 수축하는 金水는 우리 몸에 에너지를 제공하고 또 문제가 생기면 제거하는 일과 관계가 깊습니다. 음식물을 제조하거나 의약품을 만들거나 병을 치료하는 행위는 금수의 작용입니다.

고전의 지혜

맑은 물로 씻고 환하게 빛나는 것을 좋아하는 신금은 마른 흙이 자신의 광채를 가리는 것을 꺼립니다. 신금은 깨끗한 물을 유통시키는 능력이 탁월해 정체되고 답답한 기운을 해소해 줍니다. 또 뜨거운 병화를 진정시켜 이슬을 만들고 열기에 지친 생명에게 차가운 기운을 선사합니다. 신금의 이런 기운을 관찰하고 연구했던 옛 학자들은 그것을 천간에서 일어나는 합으로 생각해 병신합丙辛合이라 불렀답니다.

신금은 생명을 위태롭게 하는 칼날이면서 상황에 따라 생명을 구하기도 하는 묘한 존재입니다.

임수 壬水, 기억과 정보를 싣고 새 세계로 나아가는 전령

압축돼 있던 에너지가 움직인다.

널리 흐르는 강이나 호수

신금의 상생으로 임수가 나왔습니다.

안과 밖이 모두 음으로 변해 水가 된 것이지요. 오행의 변화 단계를 기억해보세요. 금은 내부는 양기가 있지만 밖은 굳어가는 음의 기운이었지요. 그래서 안과 밖이 조화를 이루어 형체는 유지할 수 있었답니다. 금에서 나아간 수는 외부와 내부가 모두 음기로 변해, 일정한 형태를 띠기 어렵습니다. 흘러내릴 수밖에 없겠네요.

여기서 하나 기억할 것이 있답니다.

水는 음기만으로 돼 있지요. 그래도 흐르는 운동성을 기준으로 임수는 양의 물로 보고 계수는 음의 물로 봅니다. 임수는 계수에 비해 움직임이 좀 크다고 본 것이지요.

壬은 아이를 갖는다는 姙(임)과 연관이 있습니다.

壬은 생명체를 향해 흘러가는 에너지입니다. 생명창조를 기대하며 나아가는 기운입니다. 임수가 에너지를 충분히 유통시켜 놓아야 생명이 탄생할 수 있습니다.

임수의 속성

속속들이 파고드는 능력이 있습니다

水는 깊은 사고력과 연관이 있습니다. 생각하고 궁리하는 능력이 있습니다. 그래서 만나는 대상마다 깊이 탐색합니다. 그렇게 모은 낱낱의 정보가 유용하게 쓰이려면 木火의 도움이 있어야 합니다. 壬수의 정보가 사용되려면 펌프질을 해줄 木火가 필요하다는 뜻입니다.

에너지를 공급합니다

바다나 호수, 수심이 깊은 강에는 자연의 에너지가 응축돼 있지요. 생명의 에너지인 임수가 고여 들었기 때문입니다. 그 임수가 지구 생명체들에게 에너지를 제공합니다. 임수 덕분에 생명은 태어나고 진화해 나왔습니다.

굳어있는 금을 유통시킵니다

水의 속성 중 가장 독특한 것은 유동성이지요. 그 기능을 임수가 맡았습니다. 생명의 입장에서 보면 금은 살벌하고 냉정한 오행입니다. 그런 금을 임수가 나서서 부드러운 에너지로 바꿉니다.

우주에서 일어나는 생명 작용은 1회에 그치는 것이 아니라 반복되는 것이기에 에너지는 쉼 없이 공급되어야 합니다. 그 과정에서 가장 중요한 역할을 하는 것이 임수입니다.

아무리 큰 호수라도 지속적인 물의 유입이 없다면 언젠가는 말라 버릴 것입니다. 지상에서 물이 사라지면 생명체도 존재하기 어렵겠지요. 그래서 필요한 것이 金生水 과정입니다. 그 역할을 임수가 해냅니다. 임수가 있어 우주는 재순환이 일어납니다.

고전의 지혜

임수는 흘러가는 물입니다. 임수는 강한 화를 만나 수증기로 증발되지만 않으면 높은 곳에서 낮은 곳으로 잘 흐릅니다. 큰 강이나 호수, 바다로 접어듭니다.

임수는 나뉘기도 하고 합하기도 하며 자연의 곳곳을 적십니다. 그 과정에서 목에게 에너지를 전달해줍니다. 임수는 자연을 두루 돌아다니면서 굳어 있는 기운을 소통시킵니다.

계수 癸水, 생명을 배양하는 생명천사

흐름이 약해진 에너지

습지의 물, 진액(생명현상을 불러오는 액체)

계수는 임수의 흐름에서 생겨난 물입니다.

움직임이 약해진 물입니다. 임수가 큰 강이나 호수, 바다라면 계수는 흘러가는 임수에서 이탈해 작은 지류로 접어들거나, 낮은 땅으로 스며든 물입니다. 가끔은 태양 빛에 의해 증발했다가 기온이 낮아지면 이슬이나 비가 되어 다시 지상에 내려오기도 합니다. 우리 눈에는 잘 띄지 않는 곳에서 머물다 비구름의 형태로 나타나는 것도 계수의 모습이지요.

癸는 헤아리고 분별한다는 揆(규)에서 나왔습니다. 수는 대상의 깊은 곳으로 침투하는 능력이 있습니다. 삼라만상의 구석구석까지 스며듭니다. 자연에서 계수가 하는 가장 중요한 역할은 메말라 가는 생명을 적셔, 살려내는 일입니다. 계수는 세상에 있는 온갖 생명에 스며들어 갈증을 풀어주고 에너지를 제공합니다.

계수의 속성

어둡고 차갑고 비밀스럽습니다

임수에서 이탈하여 보다 내밀한 곳으로 스며든 계수는 깊고 은밀한 곳에 고입니다. 사물의 깊은 내면을 형성하는 고요하고, 어둡고, 차가운 기운이지요. 인간의 생리현상에 적용해보면 정액이나 호르몬 같은 생명창조로 이어지는 에너지가 계수에 해당합니다.

계수는 木과 친해 생명을 자라게 합니다

넓은 영역에서 뛰어난 유통능력을 발휘하며 유연함을 자랑하던 임수가 金生水 과정에 가깝다면 좁은 영역에서 깊이를 더해가는 계수는 水生木 과정에 가깝습니다. 그래서 계수는 목을 반긴답니다. 생명을 배양하는 과정은 계수의 가장 큰 특징이지요.

생명이 생겨나고 자라는 현상을 오행의 과정으로 보면 계수의 기운이 甲乙목으로 전환되는 것입니다. 물리적으로는 이해하기 어려운 신비한 생명현상이지요.

같은 水지만 임수와 계수는 차이가 있습니다. 임수는 금과 친해 금을 유통시키는 능력이 뛰어나고 계수는 생명현상인 목과 친합니다. 10간의 순차적인 변화를 살펴보면 당연한 내용입니다.

계수는 활동성은 부족하지만 섬세한 연구 분야에 어울립니다. 생명을 다루거나 배양하는 직업이 좋겠습니다. 계수가 사주에서 중요한 역할을 하는 사람은 의학, 생명공학, 생물학, 미생물학, 꿈의 세계, 정신분석 등을 공부하면 역량을 발휘할 것입니다.

고전의 지혜

계수는 10간 중 가장 약하고 눈에 잘 띄지 않지만 내밀한 곳에서 중요한 변화를 담당합니다. 계수는 너무 약해서 다른 오행을 긴장시키지 않고 스스로도 강해지겠다는 뜻이 없습니다.

계수는 토를 만나면 그 틈사이로 스며들어 땅과 동행하며 조화를 이루고, 강한 화를 만나면 증발해서 안개나 구름이 되었다가 때가 되면 비가 돼 내립니다. 그래서 은연중에 목을 배양하고 소리 소문 없이 땅도 비옥하게 하지요.

약한 계수라도 늦은 가을이나 겨울에는 힘이 약하지 않으니 이때의 계수는 단순히 떠다니는 비구름이나 이슬이 아닙니다. 호수나 바다로 흘러가는 임수처럼 세력이 강합니다.

지금까지 열 개의 천간을 살폈습니다.

이미 60갑자를 잘 알고 있었던 분들은 책장을 쉽게 넘겼을 것입니다.

음양오행을 처음 접하는 분들은 음양에서 오행까지는 그럭저럭 알겠는데 10간은 좀 아리송하다고 생각할 것입니다. 익숙하지 않은 한자가 등장하고, 오행도 양과 음으로 나뉘니까 복잡해 보일 수 있습니다. 게다가 이게 다가 아니고 열두 개의 지지가 아직 남아 있으니 이쯤에서 그만 책을 덮어버리고 싶은 분도 있을 겁니다.

그런 마음이 드는 건 당연합니다. 낯설고 생소한 용어를 난생처음 만났으니 그럴 수밖에요. 그래도 이 과정을 거쳐야 자신의 운명을 이해할 수 있습니다. 지금은 10간이 대충 어떤 것인지만 알고 지나가도 괜찮습니다. 12지를 공부하고 사주풀이까지 보고 난 다음 다시 10간으로 돌아와서 놓쳤던 부분을 확인해도 아무 문제없습니다.

이제 12지지를 살펴봅시다.

12지지, 이상하고 요상한 공간

12지지와 지장간

    12지지는 토를 중심으로 12방위로 분산된 공간입니다.

    12지지地支는 12지支라고도 부릅니다. 열두 개의 지지는 寅 卯 辰, 巳 午 未, 申 酉 戌, 亥 子 丑입니다. 계절이 바뀌면 시간성을 띤 10간의 기운 2~3개가 각 지지에 스며듭니다. 이처럼 12지 속에 자리 잡은 10간을 지장간地藏干이라 합니다.

    12지의 위치는 태양이 결정합니다. 지구가 태양을 한 바퀴 돌면 일 년이 흐릅니다. 4계절은 지구와 태양의 위치에서 나옵니다. 지구가 태양의 어느 위치를 돌고 있는지에 따라 木火, 金水로 이어지는 4행 순환이 일어나고 그것이 사계절의 변화로 나타납니다.

지장간

12지를 이해하려면 지장간(12지 속에 깃든 10간)을 알아야합니다.

지장간은 숨을 들이쉬고 내뱉는 호흡작용에서 생깁니다. 목화금수로 이어가는 계절의 변화는 지구의 흙이 숨을 쉬는 활동입니다. 토를 중심으로 팽창하는 木火와 수축하는 金水의 순환이 일어나는 것이지요.

寅卯辰인묘진은 木의 계절, 봄입니다.
巳午未사오미는 火의 계절, 여름이지요.
申酉戌신유술은 金의 계절, 가을입니다.
亥子丑해자축은 水의 계절, 겨울입니다.

봄 호흡

이제 봄의 호흡을 통해 지장간의 변화를 살펴보겠습니다.

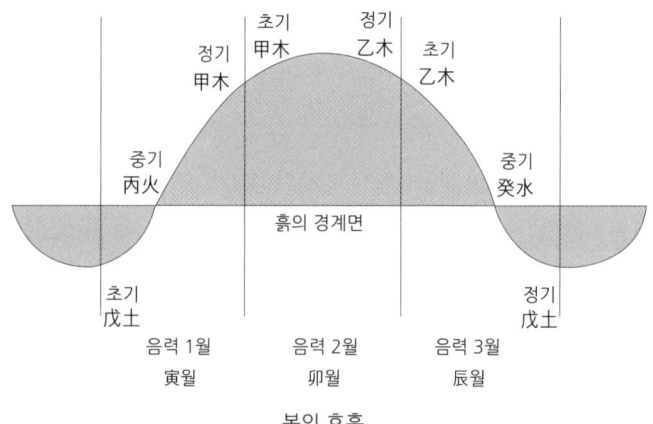

봄의 호흡

土(지구의 흙)가 봄의 주인인 木 기운을 호흡하는 것이지요. 한 번은 들이쉬고 한 번은 멈추고 한번은 내뿜는 3단계 호흡작용입니다.

목 기운을 들이쉴 때 음력 1월 寅木달이 되고,

들이쉰 기운을 멈출 때 음력 2월 卯木달로 발전합니다.

들어온 기운을 다시 밖으로 내쉴 때 음력 3월 辰土달이 됩니다.

음력 1월, 寅木

봄의 주인 木이 등장합니다. 입춘(양력으로 2월 4일경)이 되면 한 해가 바뀌면서 목이 발생합니다. 먼저 갑목이 나타납니다. 여기서 하나 기억할 것이 있습니다. 어린 나무 갑목이 그냥 무턱대고 얼굴을 내밀 수는 없겠지요? 당연히 준비과정이 있습니다. 그것을 지장간의 3단계 변화인 초기, 중기, 정기로 나눠보겠습니다.

a) 초기 : 땅속

갑목이 아직 땅밖으로 나오지 않았지요?

땅의 기운인 무토가 영향력을 행사합니다.

b) 중기 : 지표면의 변화

갑목의 자식에 해당하는 병화가 잠깐 나타납니다. 갑목이 여름에 활동할 병화를 미리 만들어두는 것이지요. 이것은 계절이 끊어지지 않고 잘 이어갈 수 있게 우주가 마련한 일종의 장치입니다. 다가올 계절의 씨앗을 미리 준비해 놓는 이 과정은 중기에서만 일어납니다.

c) 정기 : 땅 위의 변화

갑목이 본격적으로 활동하는 기간입니다.

음력 1월을 대표하는 기운입니다.

12지의 지장간은 이런 단계로 구성됩니다.
寅월의 지장간은 戊丙甲무병갑이군요.

음력 2월, 卯木

봄의 한복판입니다.

음력 2월은 심호흡을 한 상태에서 숨을 멈추는 기간입니다. 본격적인 봄이지요. 들이쉬는 작용이 없기에 중기는 없습니다. 木만 왕성하지요. 甲목이 乙목으로 변화합니다. 이것은 초목의 잎이나 가지가 무성해지는 현상으로 이해할 수 있습니다.

a) 초기 : 땅 위의 변화

이전 달의 정기가 이어집니다. 갑목의 영향을 받습니다.

b) 중기 : 지표면의 변화

변화현상이 없습니다.

c) 정기 : 땅 위의 변화

甲목이 乙목으로 변화합니다. 목의 기운이 강해지는 때입니다.

卯월의 지장간은 甲乙갑을이군요.

음력 3월, 辰土

진월은 무르익은 봄, 만춘晚春입니다.

새로운 계절을 준비하는 곳입니다. 이른 봄인 초춘初春과는 반대로 봄의 기운이 땅속으로 들어가는군요. 여기서도 3단계 변화를 겪습니다.

a) 초기 : 땅 위의 변화

이전 달의 정기 을목이 진월의 초기로 이어졌습니다. 약해지기는 했지만 여전히 을목 기운이 작용하고 있습니다.

b) 중기 : 지표면의 변화

인월은 木이 태어났던 곳이지요. 진월의 중기는 목이 탄생할 수 있게 애쓰고 노력한 겨울호흡의 水가 소멸하는 곳입니다. 목의 활동이 약해질 무렵에 水의 잔해가 땅에 묻힙니다. 인생사로 따지면 자식이 부모의 장례를 치르는 것과 같습니다.

c) 정기 : 땅속

무토가 작용합니다.

辰월의 지장간은 乙癸戊을계무가 되었습니다. 水와 木의 흔적을 가진 달이 된 것이지요. 같은 원리로 여름에는 巳午未월, 가을에는 申酉戌월, 겨울에는 亥子丑월이 형성[10]됩니다.

우리는 지금 12개의 지지를 살피기 전에 지장간의 변화를 이해하기 위해 준비운동을 하고 있습니다. 각 지지를 탐구할 때 본격적으로 다시 다룰

---

10 나머지 계절의 호흡도 같습니다. 화가 들고 나는 여름호흡, 금이 주인인 가을호흡, 수가 주도하는 겨울호흡에 대해서는 따로 그림을 그리지는 않겠습니다.

것입니다. 지금은 그냥 열두 개의 지지에 지장간이라는 게 들어 있다는 정도만 알면 됩니다.

12지 산책

그럼 여기서 12지에 깃든 지장간이 어떤 게 있는지 미리 한 번 볼까요? 뭐 아주 생소하지는 않을 것입니다. 10간에서 만난 적이 있으니까요. 그래도 익숙지 않은 한자가 무더기로 나오다 보니 정신이 없지요?

열두 달에 들어있는 지장간(10간)

월	초기	중기	정기
寅	戊 7일	丙 7일	甲 16일
卯	甲 10일		乙 20일
辰	乙 9일	癸 3일	戊 18일
巳	戊 7일	庚 7일	丙 16일
午	丙 10일	己 10일	丁 10일
未	丁 9일	乙 3일	己 18일
申	戊 7일	壬 7일	庚 16일
酉	庚 10일		辛 20일
戌	辛 9일	丁 3일	戊 18일
亥	戊 7일	甲 7일	壬 16일
子	壬 10일		癸 20일
丑	癸 9일	辛 3일	己 18일

지장간의 세기는 지장간에 배당된 시간을 보면 알 수 있습니다. 寅월은 丙화가 7일, 甲목이 16일이지요. 寅월에는 火보다는 木이 두 배 이상 강하게 작용한다고 생각하면 됩니다.

초기는 이전 달의 정기가 이어졌다는 의미에서 여기餘氣라고도 부릅니다. 또 정기는 초기와 중기 다음에 등장해 달의 끝을 담당한다 하여 말기末氣라고도 일컫습니다.

12지는 크게 세 종류로 나뉩니다.

a) 寅, 巳, 申, 亥

계절이 시작되는 지지입니다.

무슨 일을 새로 시작하거나 이미 해오던 일을 더욱 확장한다는 의미가 있습니다. 주변 상황도 바쁘게 돌아가는 곳입니다.

b) 卯, 午, 酉, 子

계절의 한 복판에 해당하는 지지입니다. 봄여름가을겨울, 사계절의 특징이 가장 강하게 나타나는 곳입니다. 지장간에도 같은 기질의 오행만 모여 있다 보니 순수합니다. 융통성은 없으나 한 가지 기운에만 전념할 수 있지요. 중기가 비어있습니다. (단 오화는 중기가 있습니다.)

c) 辰, 未, 戌, 丑

계절의 끝에 형성되는 지지입니다. 土가 달의 정기로 등장합니다.

겉에서 보면 조용히 쉬는 것 같지만 내면에서는 더 큰 변화를 준비하는 곳입니다. 이전 계절에 활동했던 오행이 땅에 묻히는 곳입니다.

본격적인 12지 탐구에 앞서 잠시 준비운동을 했습니다.

12지를 이해할 때도 10간 때와 마찬가지로 지장간이 변화하는 과정을 연속적인 이미지로 이어보는 것이 좋습니다. 12지에서는 띠 동물도 함께 살펴보겠습니다. 사람들은 음양오행에는 별로 관심이 없다고 하면서도 자신의 띠와 관련된 동물에는 흥미를 보입니다. 또 띠 동물과 실제 동물은 직접적인 관계가 없다고 생각하면서도 민간에서 전해 내려오는 속설을 아주 무시하지는 않지요.

흥미로운 것은 흔히 말하는 띠 이미지가 12지에 깃든 지장간과 연관이 있다는 점입니다.

이제 12지를 탐방할 순서군요. 첫 번째 주인공은 인목입니다.

봄의 호흡

인목寅木

묘목卯木

진토辰土

인목寅木, 생명이 튀어 오를 준비를 하는 곳

태양이 떠오르는 골짜기 숲

寅에 깃든 지장간 : 戊(거친 흙), 丙(따뜻한 태양), 甲(생명의 기운)

앞에서 보았던 봄의 호흡 그림을 떠올려보세요.

지표면 아래쪽은 초기로 土의 힘이 작용합니다. 지표면인 중기는 다음 계절의 기운이 들어옵니다. 인월의 중기는 여름에 활동할 火가 차지했습니다. 지표면 위쪽은 정기로 이달의 주인인 갑목이 머뭅니다.

 a) 초기 7일 : 무토

무토가 지배합니다.

 b) 중기 7일 : 병화

입춘이 지난 다음, 따뜻한 기운을 지닌 어린 아이의 모습으로 丙화가 태어납니다. 여름을 향해 나아갑니다. 그래서 인월을 火가 장생(長生, 태어나 자란다)하는 곳이라 합니다. 이제 나무의 움직임도 점차 바빠지겠지요.

 c) 정기 16일 : 갑목, 흙을 뚫고 나오는 생명의 기운

정기는 달을 대표하는 기운입니다. 우수가 지나면 갑목은 따뜻한 태양의 힘을 받아 힘차게 쭉쭉 올라오기 시작합니다. 음력 1월이 木의 달이 된 건 달의 정기가 木이기 때문이지요.

寅의 분위기

음양오행으로 따지면 일 년의 시작은 음력 1월 1일, 구정이 아닙니다. 입춘일(양력 2월 4일경)입니다. 이때부터 새해가 시작되는 거지요. 인월의 가장 큰 특징은 생명의 기운이 활성화되는 것입니다.

오행에서 木은 생명의 기운을 의미합니다. 寅은 어린 초목, 어린 생명을 뜻합니다. 寅을 잘못 이해하면 잎이 무성한 큰 나무가 우뚝 자란 것으로 생각하기 쉽습니다. 이달이 상징하는 것은 그런 모습이 아닙니다. 인월의 본질은 나무의 외양에 있지 않고 활발하게 솟아나려는 내부 생명력에 있습니다. 이른 봄 어리고 순수한 생명이 따뜻한 햇살을 받으며 바깥을 향해 튀어 나가려는 모습을 상상해보기 바랍니다.

지장간에 따뜻한 태양을 상징하는 병화가 있지만 아직은 날씨가 쌀쌀한 초봄입니다. 땅속에 있던 봄기운이 땅을 뚫고 나왔지만 아직 무성해지지는 않았습니다. 다만 솟아오르려는 팽창의 기세만큼은 강력하고 또 활발하다고 하겠습니다.

일상에서 발견하는 寅의 이미지

무토와 병화, 갑목에서 어떤 모습을 그려볼 수 있을까요?

무토는 그저 장소를 제공하는 정도로 생각하면 되겠군요.

병화는 밝고 화려하고 가볍습니다. 정신적인 활동과 연관이 있습니다. 문화행사가 열리는 공연장, 영상작업을 하는 방송국, 대규모 쇼핑센터 등을 연상할 수 있습니다.

정기의 갑목은 서점, 출판사, 목제 가구, 토목에 관계된 일, 과수를 키우는 농사, 건축자재 등을 생각할 수 있습니다. 갑목과 병화를 함께 고려하면 인문과학이나 사회과학을 탐구하는 연구자의 모습도 그려볼 수 있습니다.

寅에서는 활동성이 강한 생명이 자라는 모습을 떠올릴 수 있습니다.

호랑이띠, 어린 생명이 자라는 곳에 무서운 호랑이?

인월은 이제 막 생명활동이 일어나려는 때인데 옛사람들은 띠 동물로 호랑이를 배정했네요. 무슨 속사정이 있나 봅니다.

지장간을 따져봅시다.

갑목은 원래 선구자적 기질이 있지요. 위험을 무릅쓰고 제일 먼저 세상 밖으로 나가는 기운입니다. 용감하고 위풍당당하지요. 병화까지 있으니 더욱 그렇습니다. 다만 이른 봄이라 아직은 춥습니다. 곳곳에 흰 눈도 남아있습니다. 한껏 자라고픈 생명의 입장에서 보면 그다지 우호적인 환경이 아니지요. 그래도 기죽지 않고 꼿꼿하고 굳세게 성장하려 합니다. 갑목의 굳건한 기상, 병화의 순발력, 무토의 거친 골짜기를 생각하면 인월에 호랑이를 배치한 것이 아주 잘못된 건 아니네요.

묘목卯木, 생기발랄한 생명의 공간

풀과 꽃으로 뒤덮인 초원

卯에 깃든 지장간 : 甲, 乙

이달은 중기가 없습니다. 한껏 들이마신 기운이라 다른 기운이 들고 나고 할 여지가 없습니다. 4계절 중, 봄을 담당한 인묘진에서 가운데 있는 묘월은 木 기운만 드러냅니다. 각 계절의 가운데 달은 중기가 빠진다고 했지요.

 a) 초기 10일 : 갑목

음력 1월, 인월에 정기로 활동했던 甲목이 묘월의 초기에 잠시 이어졌습니다. 초기는 전달에서 이어받은 기운이라 '여기'라고도 부릅니다.

 b) 중기 : 없음

 c) 정기 20일 : 을목

초기의 갑목이 을목으로 발전해 달을 지배합니다.

이때쯤 되면 나무의 잎사귀는 무성해지고 가지는 사방으로 뻗어 나갑니다. 양의 속성을 띠는 甲에서 음의 속성을 나타내는 乙로 변화한 것이지요. 10간에서 살폈듯 을목은 부드럽게 휘고 갈라지는 곡曲의 성격이 있습니다. 여러 방향으로 퍼져나가며 자랍니다.

卯의 분위기

　음력 2월은 본격적으로 봄을 느낄 수 있는 때입니다. 인월과는 확연히 다릅니다. 만물이 생동하는 봄이 되었습니다. 묘월은 추위도 물러가고 태양이 따스하게 비치는 때입니다. 생명체가 생기와 활력을 마음껏 드러내는 달입니다. 초목의 생장이 가장 활발하게 일어나는 시기입니다.

　성장이 있는 곳에는 기쁨이 있지요. 생명은 살아서 활동하기를 원합니다. 묘에는 삶을 향한 강한 집착이 있습니다. 생명에 대한 무조건적인 의지와 애착이 발동합니다. 卯의 이런 특성은 인간의 운명에도 잘 드러납니다. 연월일시 어느 곳이든 묘가 들어있으면 삶에 대한 의욕이 대단히 강합니다. 끈질긴 생명력을 품고 있지요. 10간의 乙목 부분을 확인해보시기 바랍니다.

　木의 특징을 이해하면 달의 의미를 파악할 수 있습니다.

　인묘진 세 달 중, 묘는 계절의 중심역할을 합니다. 인월은 용감한 갑목이 정기로 나왔지만 갑목은 좀 엉성하고 불안한 나무입니다. 그에 비하면 묘월은 보다 유연해진 모습이지요. 지장간도 甲과 乙, 목만 들어찼습니다. 초순 10일간은 갑목이 이어가다가 봄기운이 깊어지면 을목으로 바뀝니다. 나뭇가지가 부드럽게 갈라지면서 구부리고 휘는 모양새가 됩니다. 변화가 좀 더 진행되면 산과 들에서 어린 잎사귀가 보이고 뜰이나 꽃밭에도 새순이 파릇파릇 삐져나옵니다. 이런 과정은 甲목이 乙목으로 변화하는 10간의 과정과 크게 다르지 않지요.

일상에서 발견하는 卯의 이미지

같은 목이라도 甲과 乙은 자라는 모습이 많이 다릅니다. 묘월의 정기는 을목이니 을목을 잘 살펴야겠지요. 을목은 휘고 늘어지고 구부러집니다. 미적 감각도 있습니다.

우리 주변에서 묘와 닮은 것들을 떠올려봅시다. 꽃을 키우거나 농사를 짓거나 약초를 재배하는 것은 묘의 생명성이 반영된 것입니다. 패션 디자인, 실내 장식, 미술, 미용 등은 아름다움을 추구하는 것에 관심이 많은 묘의 특성이 드러난 것들입니다.

卯는 책을 펼쳐놓은 모양과도 비슷합니다. 그래서인지 문자를 다루는 사람들은 묘와 상관이 많습니다. 원고를 매만지는 편집자, 신문기사를 쓰는 기자, 글을 쓰는 작가, 도서관 사서 등도 묘와 인연이 있습니다.

토끼띠, 생명 에너지가 왕성해지는 卯에 겁 많은 토끼?

음력 2월은 겁 많고 순한 토끼가 주인공입니다. 생명이 번성하는 분위기인데 토끼라니? 좀 이상하군요. 음력 2월은 지장간이 木만 있었지요. 생명력이 점차 강화되고 있는데 유약한 동물이 나왔습니다. 음력 1월은 호랑이가 등장했지요. 같은 木달인데 분위기가 너무 달라졌네요.

토끼는 풀이 많은 초원을 좋아하는 온순한 동물입니다. 앞발을 들고 큰 귀를 쫑긋 세우며 주변 소리들에 민감하게 반응합니다. 아주 작은 소리도 재빨리 감지해 긴 뒷발로 신속하게 대처합니다.

토끼가 이달의 대표동물이 될 수 있었던 이유를 생각해봅시다.

큰 나무의 줄기는 강하고 튼튼해 여간해서는 잘 꺾이지 않지만 한번 꺾이면 원상회복이 어렵습니다. 부드러운 풀은 수없이 밟혀도 삶을 포기하지 않습니다. 뿌리가 살아있는 한 생명을 이어갑니다.

인달을 대표하는 호랑이는 강인함의 표본이지요. 그에 비해 토끼는 예민하고 걱정이 많고 항상 긴장해 있습니다. 그래도 날렵한 동작과 유순한 자태로 끈기 있게 살아갑니다. 용맹스런 호랑이에 비하면 너무도 약한 토끼지만 넓은 초원을 무대로 자손을 낳고 소박하게 한 세상 살아갑니다. 이런 토끼의 삶은 밟히고 눌려도 다시 일어나는 풀의 생명력을 대변하고 있습니다. 다만 火가 없다 보니 자신을 위협하는 포식자(생명을 위협하는 金)가 나타나면 잽싸게 달아나야 하니 늘 신경을 곤두세울 수밖에 없지요. 그래서 생명이 번성하는 달이지만 근심걱정은 떠나지 않습니다.

진토 辰土, 생명체의 욕구가 깃든 곳

남아있던 물이 고여 생긴 늪지
원대한 포부와 야망이 숨어있는 땅

辰에 깃든 지장간 : 乙(나무뿌리), 癸(땅에 스며든 수분), 戊(대지)

봄의 마지막, 음력 3월은 자연의 순환 리듬이 땅속으로 이동합니다. 이제 목 기운은 약간 쇠약해지는 단계에 접어듭니다. 그러면서 목이 있던 자리 주변으로, 남아있던 겨울의 습기들이 모여듭니다.

　a) 초기 9일 : 을목

卯의 정기 을목을 이어받습니다. 목이 서서히 약해지는 시기입니다.

　b) 중기 3일 : 계수

생명은 흙에서 왔다가 흙으로 돌아갑니다. 땅의 표면에서는 태어나고 묻히는 두 가지 사건이 일어나기 마련입니다. 계절의 마지막 달 중기에는 부모의 장례를 치릅니다. 봄은 목의 계절이었으니 목을 상생해주었던 水를 땅에 묻는 절차가 진월의 중기에 일어납니다. 계수가 묘지로 들어가는 시기입니다.

　c) 정기 18일 : 무토

변화의 흐름이 땅속으로 이동했습니다. 다음 계절을 위해 좀 쉬어야지요. 각 계절의 마지막 달 정기는 항상 토가 차지합니다. 계절이 바뀔 때마다 토의 기운도 반복적으로 나타납니다.

辰의 분위기

음력 3월 진월은 봄의 마지막 달입니다.

땅과 관련한 일이 많이 일어나는 때이지요. 밭도 갈고 논에 물도 채우는 시기입니다. 실제로 농촌에서는 청명(4월 5일경)이 되면 봄 가뭄을 우려하여 물이 부족한 논에서는 논물 가두기를 합니다. 다가오는 여름을 대비해 많은 물을 준비하는 달입니다. 이래서 옛사람들은 진토를 저수지나 늪지에 비유했나 봅니다.

寅卯월에는 木기를 한껏 뿜어내었습니다. 辰은 다가올 火의 계절, 화려한 성장이 일어나는 여름을 맞이하기 전에 잠시 멈추어 준비를 하는 기간입니다.

토는 휴식하기에 가장 좋은 곳입니다. 계절을 마무리하는 辰, 未, 戌, 丑은 쉬는 곳입니다. 이전 계절에 활동했던 오행을 묻어주기도 하는 땅입니다. 그래서 묘지라고도 일컫지요.

辰은 좀 특별합니다. 마냥 쉴 수만은 없습니다. 다음 달에 올 손님 성격이 몹시도 급해서 대비를 해야 합니다. 발산하는 火가 들이닥칠 것이기 때문입니다. 토는 원래 느긋한 품성을 가졌지만 찾아오는 오행에 따라 조금씩 바뀝니다.

辰은 변화무쌍한 곳입니다. 다음 계절인 火의 화려한 분위기에 이끌려 들썩거립니다. 진월에는 진토 내부의 木기운도 발산하는 여름 계절의 영향을 받습니다. 음력 3월은 날씨도 변덕스럽습니다. 봄비도 잦고 흐린 날도 많습니다. 하루 중에도 비가 뿌리다가 또 언제 그랬냐는 듯 날씨가 맑게 개이기도 합니다. 그런 날들이 반복되다 보면 어느새 화려한 여름이 성큼 다가와 있지요.

辰에서 발견하는 일상 이미지

辰을 水의 장례를 치르는 곳이라고 물이 부족한 달로 생각하면 안 됩니다. 진은 습지를 확보해 물을 준비하는 곳입니다. 水가 움직이지 못하고 갇히는 곳입니다. 진월에 준비를 잘 해 놓으면 가뭄에도 걱정이 덜하겠지요.

진은 만물이 잘 자라는 땅입니다. 辰을 지호地戶라 부르기도 하는데 일상생활과 관련이 많은 땅이라는 뜻입니다. 옛사람들은 辰을 가지고 태어난 사람은 생계문제로는 큰 어려움을 겪지 않는다고 했습니다. 논밭을 일구어 농사를 짓는 환경이었으니 당연한 이야기지요. 그럼 오늘날은 진토를 타고난 사람이 어떤 일을 할까요? 음식점, 주류 도매상, 양어장, 목욕탕, 저수지 관리 등의 일을 할 수 있겠습니다.

용띠, 포부와 야심이 대단합니다

용은 수심이 깊은 강이나 호수에서 지내다 비가 오고 천둥번개가 치면 자신의 모습을 드러냅니다. 용은 마치 자신의 능력이나 조화로 날씨를 좌지우지할 수 있다는 듯, 호수나 강에서 하늘로 솟구쳐 오릅니다. 그렇게 승천하는 용은 세상을 향해 자신의 위엄과 역량을 과시하는 전설적인 동물이지요.

　겨울 호수水에서 태어난 용은 어릴 때는 물속에서 숨어 지내는 잠룡으로 있다가 늦은 봄이 되면 호수의 수면을 배회하며 호시탐탐 승천의 기회를 노립니다. 그러다 기회를 포착하면 하늘로 승천火하고 그렇지 못하면 이무기가 됩니다. 용에 대한 옛사람들의 이런 상상은 아마도 늦은 봄, 천둥 번개가 칠 때 생기는 지그재그 모양에서 나왔을 것입니다.

　그러면 이무기가 승천하여 용이 된다는 이야기는 무슨 뜻일까요? 이무기가 하늘을 나는 새로 변신이라도 하는 걸까요? 아니면 지상의 존재가 하늘로 올라간다는 말일까요?

　이무기의 진의는 '개천에서 용이 났다'라는 말처럼 평범한 인물이 노력하고 애를 써서 원하던 바를 이루었던 것과 상관이 있습니다. 이무기가 용이 되어 하늘로 오른다는 것은 하늘나라로 들어간다거나 고귀한 이상을 이루는 것이 아니라, 어떤 인물이 세속적 야망을 달성한다는 것입니다.

　용이 야심을 발동하는 건, 진의 지장간을 차지한 을목과 계수 때문입니다. 이무기인 을목이 지하水에서 하늘火로 화려하게 도약하고픈 것이지요. 용이 수와 화의 중간에서 상승하는 동물이 된 것도 세속적 욕망을 이루며 살고 싶었던 옛사람들의 염원이 반영되었기 때문입니다.

　다양한 동물들의 생김새를 조합해서 만들었다는 용은, 머리는 낙타에서 눈은 토끼에게서 귀는 소로부터 목은 뱀에서 빌려온 것입니다. 뿔은 사슴의 것이고 비늘은 잉어의 것이지요. 발톱은 매와 닮았고 발은 호랑이의 것과 일치합니다.

변화무쌍한 용은 이름도 아주 다양합니다. 물에서 갓 나와 비늘이 돋은 용은 교룡(壬辰 임진)이라 하고 뿔이 난 용은 규룡(庚辰 경진)이라 합니다. 푸른 물 위를 나르는 용은 청룡(甲辰 갑진)으로 부르고, 불을 내뿜는 용은 화룡(丙辰 병진)이라 부릅니다. 또 용이 된 다음 수천 년이 경과한 용은, 황룡(戊辰 무진)이라 일컫습니다.

용의 종류를 나열하니 복잡해 보이지만 바탕은 모두 같습니다. 지하에서는 물을 얻고 하늘로 승천한 다음은 불을 구하는 것처럼, 용은 자신의 뜻을 세상에 펼쳐 보이려는 무수한 존재들을 의미합니다.

여름 호흡

사화巳火
오화午火
미토未土

사화巳火. 축제를 즐기지만 앞날에 대한 계획도 세우는 곳

화려함을 추구하고 이득을 따진다.

巳의 지장간 : 戊(광대한 장소), 庚(시설물과 장비들), 丙(찬란함의 극치)

a) 초기 7일 : 무토

이전 달의 정기가 이어졌습니다.

b) 중기 7일 : 경금

가을에 활동할 金이 태어납니다. 대체로 처음 등장하는 어린 기운은 달의 상생을 받습니다. 봄에는 寅에서 丙화가 장생하였습니다. 장생은 그 달의 정기와 상생(甲목에 丙화) 관계를 이루는 것이 자연스럽지요. 어찌 된 일인지 이달은 火克金 상극관계네요. 갓 태어난 어린 경금으로서는 달의 정기, 병화 때문에 죽을 지경입니다.

c) 정기 16일 : 병화

음력 4월이 절반쯤 지난 이때부터 생기발랄한 병화가 실력을 발휘합니다.

巳의 분위기

여름이 시작된다는 입하立夏가 되면 일교차도 줄고, 기온이 오른 한낮은 한여름처럼 무덥습니다. 초목들은 내리비치는 태양 빛을 좇아 하루가 다

르게 자랍니다. 이제 봄이 끝나고 여름이 오고 있지요. 여름은 천지만물의 급격한 성장이 일어나는 계절입니다.

봄은 한 걸음 한 걸음씩 정진해 왔습니다.

여름은 다릅니다. 여름의 시작인 巳월은 겉으로 드러나는 화려함에 끌려 들뜨기 쉽습니다. 깊이 생각하지 않고 행동합니다. 또 쉽게 즐거워하고 금방 기뻐합니다. 그렇지만 내면에서 충분한 에너지가 준비되어 있지 않다면 어딘지 모르게 좀 허전하겠지요.

일상에서의 예를 하나 들어봅시다. 왜 그럴 때가 있잖아요? 차분히 처리해야할 일이 있는데 그걸 하지 않고 분위기에 휩쓸려 많은 사람들이 북적이는 시내 중심가로 나가게 되는 경우요. 그래서 돌아다니는 동안에는 마음도 들뜨고 덩달아 즐거워지고 그렇게 하루를 보낼 수 있습니다. 하지만 돌아오는 길엔 뭔가 허전하고 귀중한 시간을 그냥 흘려보냈다는 자책도 하게 되지요.

이달도 그렇습니다. 지장간의 정기를 지배한 丙화 때문에 에너지가 발산되고 그에 따른 허탈함이 생길 수 있습니다. 그래서 우주자연은 비장의 카드를 숨겨 놓았습니다. 이달의 중기에 태어난 금이 그것입니다. 음력 巳월에 병화만 있다면 우주는 1회 순환으로 끝나고 말 것입니다. 우주의 순환을 이어가려면 병화를 제어할 庚金이 있어야 합니다.

金은 형체를 갖춘 것이지요. 통제하고 관리하고 실리를 따져 행동하는 기운입니다. 巳월은 병화의 발산도 들어있지만 실리를 취하려는 경금의 계산도 있습니다. 사주에 巳화가 있는 사람도 마찬가지입니다. 호화로운 것에 시선을 뺏기지만 섣불리 돈을 낭비하거나 충동구매를 잘 하지 않습니다.

일상에서 발견하는 巳의 이미지

巳의 지장간 무토, 경금, 병화는 모두 강한 기질을 가지고 있습니다. 이들이 함께 있으니 기술문명이 만들어낸 번성한 도심지가 연상되는군요. 빛의 아름다움을 상징하는 병화는 방송매체나 문화예술 활동과 관련이 많습니다. 경금은 원광석에 가깝지만 불이 있어 형태를 바꿀 수 있으니 시설물이나 대형장비가 될 수 있습니다. 병화와 경금에게 공간을 제공해주는 무토는 그들 덕분에 자신도 문화적 장소라는 명칭을 얻게 된 셈입니다.

연예인, 방송계 종사자, 광고업계에서 일하는 사람들도 巳화가 많습니다.

뱀띠, 뱀은 왜 교활하다는 누명을 쓰게 되었을까요?

　　뱀은 간사하고 사악하다는 오해를 받고 있습니다. 그건 巳의 진정한 의도를 모르고 하는 소리지요. 巳가 바라는 건, 화려하게 변성한 발전을 이어가기 위해 물질을 확보하는 것입니다.

　　뱀은 크기에서 많이 밀리지만 모습은 용과 비슷합니다. 또 승천에 실패한 용을 우리는 이무기라고 부르지요. 용이 승천한다는 것도 쉬운 일은 아니니 어차피 대부분의 용은 뱀이 될 수밖에 없겠군요. 우리도 세속적 삶에서는 뱀을 닮았습니다.

　　뱀의 본성은 지장간을 보면 알 수 있답니다. 巳월의 정기를 차지한 병화는 경쾌하고 발랄합니다. 그러나 앞으로만 나아가고 뒤를 돌아볼 줄 모르지요. 그런 병화만 믿고서는 도저히 삶을 지탱할 수 없습니다. 더욱이 승천도 못한 뱀으로서는 하는 수 없이 시선을 땅으로 돌릴 수밖에 없습니다. 살아남기 위해 金의 결실을 확보해야 합니다.

　　실제로 뱀은 활동을 통해 체온을 조절하지요. 그 얘기는 추운 곳과 더운 곳을 번갈아 다닐 만큼 조절능력이 뛰어나지만 그 만큼 또 신경을 많이 써야 한다는 뜻입니다. 그러고 보면 뱀의 체온조절능력도 巳월의 지장간을 설명하는 것 같지요?

오화 午火, 빛이 선사한 알록달록 문명천국

열정으로 불타오르는 곳

순수함이 극에 달한 지점

뜨거운 현장 한가운데

午의 지장간 : 丙(찬란한 빛), 己(빛이 수렴되는 곳), 丁(달아오르는 불길)

a) 초기 10일 : 병화

이전 달에 작용하던 병화가 이어졌습니다.

b) 중기 10일 : 기토

원래 子卯午酉 달은 지장간에 중기가 없는 것이 원칙입니다. 午火는 己土가 있습니다. 좀 이상하지요?

왜 이달은 중기가 작용할까요? 발산만 하는 병화를 그대로 두면 우주의 순환메커니즘은 이어질 수 없습니다. 병화에서 정화로 이어지게 하려면 기토가 나서야지요. 10간에서 살펴본 정화를 기억해보세요. 오달도 기토가 조절하지 않으면 병화는 계속 광채만 내뿜다가 흔적도 없이 사라질 겁니다.

c) 정기 10일 : 정화

정화가 달의 정기로 활동합니다.

午의 분위기

양력 6월 21일쯤이면 1년 중 낮이 가장 긴 하지夏至가 됩니다. 북반구에서는 태양의 고도가 가장 높고 일사량도 많습니다. 본격적인 여름은 이때부터지요. 태양 빛 병화를 기토가 나서서 거두어 丁화 불꽃으로 만듭니다. 오화 달은 병화가 최대한 뻗어나간 때지요. 불꽃같은 사랑, 타오르는 정열, 계산을 모르는 순수함만 있습니다.

오화를 살필 때는 주의할 것이 있습니다. 순수한 열정이 귀중하긴 하지만 그 자체에 매몰돼 버리면 정작 중요한 것을 그르칠 수 있습니다. 만약 지나치게 과도해진 丙丁화 불꽃이 우주의 순환메커니즘을 벗어나 버리면 아주 위험한 일이 벌어집니다. 귀한 것들을 순식간에 태워 없앤다고 해봅시다. 그러면 과거와 현재와 미래가 한순간에 사라집니다. 우주도 이런 우려를 했던지 오달에는 다른 계절에는 없는 중기를 두어 기토[11]를 배치했습니다. 기토가 나서서 오화 속에 내장된 화를 조절하라는 것이지요.

일상에서 발견하는 午의 이미지

오화 지장간에는 순수한 丙丁화가 있지요. 병화는 어둠을 몰아내고 추위도 물리치며 세상을 환하게 드러냅니다. 정화는 좁은 영역을 뜨겁게 달구어 섬세하고 미세한 곳을 속속들이 밝혀내지요. 丙丁화의 이런 특성은

---

11 봄의 중심인 卯달의 지장간은 중기가 없고 甲乙목만 있습니다. 마찬가지로 가을의 중심인 酉달의 지장간도 중기 없이 庚辛금만 있어요. 겨울의 한복판, 子달의 지장간도 중기 없이 壬癸수만 들어있답니다.

사물을 다룰 때 중요한 기능을 합니다.

현대는 빛과 불의 변형된 형태인 전자와 전기가 없으면 모든 활동이 중단될 겁니다. 과학시대인 오늘날은 오화가 컴퓨터 및 반도체 소자 내부를 흐르며 온갖 장비들을 움직이고 있습니다. 또 화려한 조명 아래서 노래를 부르고 춤을 추는 공간도 오화의 열정이 반영된 곳입니다.

말띠, 앞만 보고 나아갑니다

갈기를 휘날리며 너른 평원을 질주하는 말은 다른 동물에 비해 매우 빠릅니다. 좀처럼 뒤로 잘 물러서지 않고 앞으로 나아가는 말은 기품도 있습니다. 말띠로 태어난 사람도 원대한 포부와 뛰어난 순발력을 갖추었다는 얘기를 듣습니다. 두뇌 회전이 빠르다는 소리도 듣습니다. 스스로도 날렵하고 멋지다고 생각할 때가 많습니다. 그렇게 생각할 수 있는 건 오화 지장간에 丙丁이 있기 때문이지요.

취향에서도 한 번 좋아한 것은 끝까지 좋아하고 처음 싫어한 것은 두 번 다시 숙고하지 않습니다. 호불호의 감정을 제대로 숨기지도 못해서 종종 어려움에 처하기도 합니다.

그에 비해 水에 속한 겨울의 띠 동물들, 돼지亥나 쥐子 소丑는 말과 다릅니다. 욕망이나 포부를 쉽게 표출하지 않고, 주변의 기세를 오랫동안 살피며 어려움이나 고난도 참고 견디는 편입니다.

미토 未土, 목화의 결과물을 쌓아두는 곳

누적된 열기가 머무는 긴 여름

지식과 정보가 보존된다.

未의 지장간 : 丁, 乙(생명활동의 결과물), 己(기록되고 보존된 것들의 전시장)

미월은 여름이 끝나는 달이지요. 여름에 활동한 火를 보내고 가을의 주인인 金을 맞아들일 준비를 하는 때입니다. 그 임무를 土가 맡았습니다.

 a) 초기 9일 : 정화

앞 달의 정기가 이어졌습니다.

 b) 중기 3일 : 을목

봄에 활동한 木의 잔해가 땅속에 묻힙니다.

이 목은 죽음의 잔해가 아니라 성숙한 열매를 위한 씨앗이 됩니다. 이것은 앞으로 올 가을 金으로부터 木의 씨앗을 보호하기 위해서지요. 그렇게 생각하면 죽음이 꼭 나쁜 것만은 아닌 것 같습니다. 변화에 대응할 힘이 부족할 경우 기운을 보존하기 위한 방편이기도 하니까요.

 c) 정기 18일 : 기토

己토가 작용합니다. 木火가 金水로 전환되는 과정에 등장했군요.

木火의 기운을 보존하면서 가을 金을 받아들이기 위해 준비하는 기간입니다.

未의 분위기

미월은 태양이 가장 뜨겁다는 하지도 통과한 때입니다. 이제부터 밤이 점점 길어집니다. 대단한 열기를 간직한 丙丁화는 음력 5월 午화의 지장간에 들어있었으니까요. 이상한 것은 본격적인 더위는 지금부터 찾아든다는 점입니다. 열기가 점차 식어간다는 미월에 우리가 체감하는 더위는 예사롭지 않습니다.

이유는 이렇습니다. 이 시점은 열기가 외부로 빠져나갈 수 있는 출구가 막혀 있어요. 별 수 없이 내부는 답답하고 지루한 상황이 발생하겠지요. 그것이 한해 중 가장 무더운 날들이 돼 이어집니다. 그래서 고대인들은 미월에는 따로 이름을 붙여 장하(長夏, 길고 긴 여름)라고 불렀습니다.

음양의 큰 흐름을 알고 있으면 이달의 역할을 이해할 수 있습니다.

봄여름 동안 이어졌던 木火의 흐름은 팽창하는 양의 기운이었지요. 가을겨울로 이어질 金水는 수축하는 음의 기운입니다. 未달은 木火 흐름이 金水 흐름으로 교체되는 지점입니다.

봄여름 동안 뿜어낸 木火의 산물을 보관하고 또 잠시 숨고르기를 하면서 다음 계절을 맞이하는 것이지요. 미월의 역할을 일정 항로를 왕복 운항하는 비행기로 설명해봅시다. 이 비행기는 두 도시, A와 B의 공항을 왔다 갔다 합니다. 비행기는 처음에 출발지 A를 떠나 부지런히 날아오다가 도착지 B가 가까워지면 속도를 늦추어 천천히 선회합니다.

미달은 목적지에 가까이 온 비행기가 조금씩 속도를 줄이며 브레이크를 작동시키는 과정과 흡사합니다. 그 과정에서 비행기는 안전한 착륙지점을 여러 번 선회하면서 적당한 장소를 택해 연착륙하지요.

빠른 속도로 가던 비행기가 방향을 바꿀 때에는 속도를 늦추어야 합니다. 미월은 木火에서 金水로의 급격한 변화에서 오는 충격을 조정하고 완화하는 중요한 역할을 맡고 있습니다.

미토가 보관하는 木火의 산물은 어떤 것이 있을까요? 목화와 금수라는 큰 구분에서 생각해보지요. 金과 水는 木과 火에 비해 무겁고 육중한 기운이잖아요? 그렇게 생각하면 물질적 산물이 많겠네요. 그에 비해 木과 火는 밝고 가벼운 기운이지요. 미토에 담기는 목화의 산물도 정신적 산물, 인문적 산물이 많겠습니다. 목화는 금수의 물질을 소비하여 정신적 발전을 이루는 과정으로 이해할 수 있습니다. 이 목화는 다시 금수 과정으로 이어지고 그것은 다시 목화로 연결돼 끊임없는 순환이 일어납니다.

일상에서 발견하는 未의 이미지

미토 속에는 정화, 을목, 기토가 있지요.

기토는 사람의 발이 쉽게 닿을 수 있는 곳입니다. 시장, 공원, 운동장 등 도심지의 근린시설과 관련이 있습니다. 정화와 을목은 지식과 정보를 전달하는 활동과 연관이 있습니다. 말을 하고 글을 쓰는 작업, 가르치고 배우는 여러 단계의 일은 정화와 을목의 작용입니다.

미토에서 연상할 수 있는 장소는 다양합니다. 도서관, 문화센터, 각종 교육기관, 물품보관소, 건조한 식품을 가공하는 곳, 화원 등 아주 많습니다.

만약 미토의 특성이 가장 잘 반영된 공간을 하나만 꼽으라고 하면 어떤 곳이 될까요? 바로 도서관입니다. 특히 요즘 도서관은 그냥 책이나 문서만 취급하지 않더군요. 컴퓨터, 음향 자료, 각종 시청각 자료 등 많은 기록물을 비치하고 이용자들을 위해 고도의 서비스를 제공합니다.

양띠, 지혜는 있으나 생동감은 부족합니다

양은 온순하고 겁이 많은 동물이라 무리를 이탈하지도 않고 주인을 잘 따릅니다. 움직임도 느리고 식성까지 소박합니다. 이런 양의 이미지는 달의 지장간을 보더라도 알 수 있어요. 기토와 정화, 을목까지 구비한 未는 한여름 초원에서 한가히 풀을 뜯는 순한 양의 모습과도 어울립니다. 평온하기 그지없습니다. 다만 변화나 모험에 대한 기대감을 줄 수 없어 조금은 지루하고 답답한 느낌도 있습니다.

미토는 평화롭고 살기 좋은 곳이지만 긴장감이 없다 보니 권태롭고 무미건조합니다. 미토 속에 보관된 지식과 정보는 중요합니다. 하지만 젊은 기운이 내뿜을 수 있는 진취적 생동감이 없으니 조금 아쉽기도 합니다.

가을 호흡

신금申金

유금酉金

술토戌土

강렬한 태양 빛이 내리쬐는 여름은 세상 만물이 각자의 존재양식을 최대로 뿜어낸 계절이었습니다. 가을은 사정이 다릅니다. 이제 정반대 기운이 작동합니다. 앞에서의 방향이 팽창과 분열이었다면 지금부터는 수축과 통합의 과정을 밟습니다. 이 시기를 金이 주도합니다. 금은 한껏 뻗어 나갔던 만물을 바깥에서부터 단단하게 만들어 내부에 일정한 규제를 가합니다. 가을은 먼저 외부를 차단하고 내부를 통제하면서 전체 구조의 균형과 질서를 유지하려는 관리과정입니다.

신금 申金. 봄여름의 결과물을 검사하는 곳

정돈과 개혁이 시작되는 곳

팽창에서 수축으로 기세가 바뀐다.

申의 지장간 : 戊(단단한 흙), 壬(샘물), 庚(땅속 바위)

a) 초기 7일 : 무토

전달에서 이어진 기운입니다. 기토에서 무토로 변한 것은 음력 7월이 양의 달이기 때문입니다.

b) 중기 7일 : 임수

겨울에 활동할 임수가 태어납니다.

c) 정기 16일 : 경금

가을의 주역인 金으로 모습을 드러냈습니다만 아직은 투박하고 거친 양의 금입니다.

申의 분위기

계절로는 가을이 시작되었지만 신월 초반은 음력 6월 未의 무더운 기운이 남아 있어 한낮은 여전히 무덥습니다. 그래도 아침과 저녁은 약간 서늘한 기운이 감돕니다.

새로운 계절 가을을 살펴봅시다. 寅卯辰 봄과 巳午未 여름은 팽창의 기운이 작용했습니다. 이제 수축의 기운이 시작됩니다. 갑자기 방향이 바뀌었지요. 그런데 우리가 알아차릴 수 없었을 뿐 변화의 움직임은 未월에서부터 있었습니다. 미토가 조정 역할을 해낸 것이지요.

申달의 본질을 따져봅시다.

봄여름은 세상 만물이 각자 원하는 대로 마음껏 자랄 수 있었던 기간입니다. 그렇게 놓아두었더니 이젠 생명들이 너무 무성해져 버렸습니다. 마실 공기도 부족하고 뿌리를 뻗을 공간도 없습니다. 다툼 없이 함께 사는 일이 불가능해졌지요. 경제학에서 말하는 혼잡비용이 높아진 것이지요. 이쯤 되면 정돈이 필요합니다. 적응을 잘 못하는 생명들을 정리해야 할 때가 되었습니다.

어쩔 수 없이 木을 정돈하고 관리할 金이 나서야 합니다. 이달의 정기를 맡은 庚금은 염라대왕과 비슷합니다. 생명을 거두어들이는 역할을 합니다. 무자비하게 보일지언정 우주자연의 조화와 균형을 위해 꼭 필요한 존재입니다. 소중한 생명이라고 빽빽이 들어차 서로 경쟁하는 상황을 그냥 두면 모두 다 굶어죽을 수 있습니다.

그렇다고 경금이 한 순간에 그저 나타날 수는 없습니다.

미월이 지나가자마자 갑작스레 경금이 세상에 태어날 수는 없다는 겁니다. 가을 초기에 느닷없이 등장한 것처럼 보이는 경금도 사실은 뜨거운 여름 화의 기운과 함께 조금씩 성장하고 있었답니다. 책을 꼼꼼히 읽어온 독자라면 음력 4월 巳화 달에 경금이 어린아이로 장생했던 내용을 기억할 것입니다. 자연의 연속적 흐름에서 보면 지루하게만 보였던 未월이나 급격한 변화를 예고하는 申월과 酉월도 각자 배역에 맞는 역할을 하고 있을 뿐입니다.

음양오행을 처음 접하는 분들은 10간의 辛과 12지의 申을 헷갈려하는 경우가 있습니다. 발음도 같다 보니 더욱 그렇지요. 辛은 천간의 기운이고 申은 지지의 기운입니다. 그럼 辛은 지장간으로 깃들 수 있겠지요. 물론 申달의 지장간은 辛이 아니고 庚입니다. 그렇다면 신월이라고 할 때의 신은 당연히 辛이 아니고 申이겠지요.

일상에서 발견하는 申의 이미지

申금 지장간을 생각해봅시다. 무토는 넓게 조성된 터를 제공합니다. 임수는 맑고 시원한 물이지요. 원광석 같은 경금도 있네요. 申에서는 사방으로 쉽게 연결되는 도로망, 구획된 시설물, 기차역, 버스터미널, 공업단지 등 짜임새 있는 도시건축물을 연상할 수 있습니다.

申금을 가지고 태어나는 사람은 기계 공구를 직접 다루거나 구조물을 관리하는 일을 많이 합니다. 자동차, 지하철, 중기, 철강, 선박, 철도 쪽에서도 역량을 발휘합니다. 또 검사나 군인, 경찰관이 돼 법칙과 질서를 유지하는 일을 하기도 합니다.

원숭이띠, 재주 많은 원숭이가 외롭다고요?

    옛사람들은 인간만큼 영리한 원숭이는 일생이 순탄하지 않다고 보았습니다. 원숭이띠로 태어나면 어려서부터 부모와 분리되거나 세상을 떠돌며 의지할 데 없이 외로운 처지에 놓인다고 생각했습니다.

    그 이유를 申금의 지장간을 통해 생각해보지요.

    계절의 순환에서 보면 신월은 가을이 시작되는 단계입니다. 열매가 여물어가는 때입니다. 정기의 경금이 좀 더 단단해지려면 햇빛을 더 받아야 합니다. 만약 이쯤에서 태양 빛이 사라져버리면 곡식이나 열매는 고루 다 익지 못하고 설익거나 쭈그러들겠지요.

    사람의 생애도 그렇지요. 탄탄한 결실을 이루기위해서는 인생 후반부까지 노력해야 하잖아요? 옛사람들은 원숭이띠로 태어나면 배우고 노력하는 시간을 갖기 어렵다고 보았습니다. 인생 초반부터 강한 금이 작동하는 원숭이띠를 걱정스럽게 여겼지요. 권세가 대단한 귀족가문이나 경제적 기반이 탄탄한 집에서 출생한 경우가 아니라면 어린 시절부터 생활 현장으로 내몰릴 거라 판단했던 것이지요. 즉 부모의 보호로부터 단절되기라도 하면 하는 수 없이 어설픈 재주를 부려서라도 밥벌이를 해야 한다고 보았던 겁니다.

    옛사람들의 생각을 전적으로 부정할 수는 없지만 그들의 생각을 그대로 수용하기는 어렵습니다. 申금이 연에만 배치되는 것도 아니잖아요? 연이 신금이면 문제가 있고 월일시가 신금이면 괜찮나요? 그렇지 않습니다. 게다가 신금의 본질 역시 분리와 고독이 아니라 열매를 단단히 만드려는

데 있습니다. 띠 동물을 이해할 때는 시각을 열어놓고 특성을 고루 잘 살펴야 합니다. 원숭이띠로 태어나면 능력과 슬기를 잘 발휘해 출세도 하고 사회적으로도 유용한 역할을 합니다.

유금 酉金. 냉혹한 평가를 내리는 감독관이 머무는 곳

합리, 절제, 냉철함이 작동한다.

단단한 결실이 들어찬다.

酉의 지장간 : 庚(정돈과 결단의 기운), 辛(날카롭고 예리하며 치밀한 기운)

지나온 申달은 지장간에 넓은 공터인 무토도 있고 시원한 물을 제공하는 임수도 있었지요. 酉달의 지장간은 모두 금만 있습니다. 다른 것이 끼어들 여지가 없습니다. 꽉 짜인 형상이네요.

a) 초기 10일 : 경금, 전달의 기운이 이어집니다.

b) 중기 : 없음

c) 정기 20일 : 신금

내부가 섬세하게 정돈되면서 엉성하던 庚금의 모습은 사라지고 어느새 보석처럼 단단하고 빛나는 辛금의 모습으로 바뀝니다.

酉의 분위기

酉월은 완연한 가을로 접어들어 선선하고 차가운 기운이 감돕니다. 봄 여름을 수고롭게 견딘 농작물이 단단하게 익어가는 달입니다. 만곡이 무르익는 시기입니다. 강렬한 태양과 비바람을 견뎌온 열매들은 저마다 성숙한 모습으로 고개를 숙입니다. 머잖아 수확의 기쁨이 넘쳐날 것입니다.

결실이 있는 유달이 누구에게나 행복한 건 아닙니다.

영국시인 엘리엇은 〈황무지〉라는 시에서 4월을 잔인한 달이라고 했는데요. 음양오행의 시각에서는 음력 8월 유달이 가장 가혹한 달입니다. 점점 서늘해지는 가을에 제대로 발맞춰가지 못하는 생명들을 가차 없이 정리하는 달이거든요. 신달은 분위기만 살짝 조성하는 정도였지만 유달은 실제로 결단하고 실행을 하는 때입니다. 숙살지기[12]라 하여 비실거리는 것들을 없애버립니다. 여기서 희한한 일이 생깁니다. 부실한 생명을 제거해버리니 튼실한 알곡들은 더욱 풍성한 열매를 맺게 됩니다. 반사이익을 누리는 것이지요. 성경에 나오는 이야기로 보자면, 게으른 자의 달란트를 뺏어 능력 있는 자에게 주는 것과 같지요.

유금이 생명을 제거할 때는 우주 순환이라는 대자연의 법칙에 맞게 철저한 합리성과 냉철한 판단력이 전제됩니다. 혹시라도 집행과정에서 오류가 발생하면 큰일이니까요. 살려야 할 생명을 무참히 짓밟아버리면 금과 목의 균형이 깨지고 오행의 순환에도 혼란을 초래합니다.

생명을 억제하고 제거하는 것도 합당한 절차와 기준에서 바르게만 한

---

12 肅殺之氣는 냉기가 감도는 가을 기운입니다. 싸늘하고 차가워 생명을 죽이는 기운이지요.

다면 미덕이 됩니다. 유교에서 말하는 의義와도 통합니다. 진정한 의는 철저한 합리성을 전제로 하기 때문이지요. 유금은 의를 실현한다는 자부심이 있습니다.

일상에서 발견하는 酉의 이미지

유금의 지장간은 庚과 辛이지요. 내부가 치밀해진 辛금이 있으니 여러 곳에 이용됩니다. 금융이나 유통에 이용되는 첨단장비, 산업현장에서 사용되는 정밀기계, 의료기, 하이테크 무기 등도 유금의 모습입니다. 고도의 기술로 생산된 설비나 장치, 기계제품을 빼곡히 채우고 있는 도심 속의 건물도 유금의 기운을 반영하고 있습니다.

유금의 기운을 타고 난 사람들은 공권력과 관련된 조직이나 기관에서 일하는 경우가 많습니다. 군인, 검사, 경찰관, 법조인 등이 적성에 맞겠습니다. 그러나 義를 행하는 것에 자신이 없으면 사람에게 명령하고 통제하는 일은 맞지 않습니다. 이 경우는 금융권, 유통업, 기계 기술, 의료와 관계된 업무가 어울립니다. 숫자를 잘 다룬다면 회계사나 세무사가 좋습니다. 위급한 순간에도 냉철함을 잃지 않으면 의사, 간호사가 맞습니다. 정밀한 기계를 제어하는 엔지니어도 가능합니다.

닭띠, 앞날을 예측하는 능력이 뛰어납니다

닭은 일생 동안 아주 많은 알을 낳습니다. 인간에게는 유익한 일이지만 닭으로서는 신경도 많이 써야 하고 고생스런 과정이지요.

닭은 인간에게 정말 많은 것을 제공하는 동물입니다. 돼지나 소에 비하면 닭은 고기 값도 훨씬 싸지요. 또 달걀까지 낳아주잖아요. 그래서 결실을 의미하는 유금을 닭과 연결했는지도 모르겠습니다. 아주 오래전 시계가 없던 시절에는 시간을 알리듯 정확한 시간에 울어주는 예민한 닭이 꼭 필요했지요. 닭을 이용하여 시간을 예측한 셈입니다.

옛사람들은 닭이 시간만 알려주는 것이 아니라 세상사를 정확하게 꿰뚫는다고 생각했습니다. 세상일을 예민하게 분석해서 결과를 미리 알 수 있는 능력도 있다고 보았습니다. 庚辛금에서 발생하는 날카로운 기운이 다가올 사건이나 문제를 예측할 수 있다고 짐작했던 거지요.

가을의 한복판인 유달은 살아있는 생명들도 생명에너지가 약화되는 때입니다. 게다가 곧 닥칠 겨울에 대한 부담감도 있는 시간입니다. 풍요로운 결실을 확보했다면 좀 낫겠지만 대부분의 경우는 그렇지 않지요. 이런 근심과 걱정이 신경이 곤두선 닭으로 표현되었습니다.

남아있는 자원이나마 아껴 써야 하고 그나마 거둔 결실은 단단하게 챙겨두어야 긴 겨울을 버틸 수 있겠군요. 앞날에 대한 불안과 긴장을 떨쳐버릴 수 없는 닭은 자신이 가진 예측력이라도 발휘해 어려운 시기를 통과하려는 것입니다.

술토 戌土, 지나온 시간을 돌이켜보는 사색의 공간

가을걷이가 끝나고 텅 비어 있는 땅

삶의 의미를 생각하는 곳

세속적 삶과는 거리가 있는 정신세계

戌의지장간 : 辛(이전 달의 결실), 丁(동굴 안을 밝히는 불), 戊(생기를 잃은 땅)

a) 초기 9일 : 신금

전달의 정기가 이어졌습니다.

b) 중기 3일 : 정화

여름에 활동했던 丁화가 묘지로 들어갑니다. 이 정화 덕분에 겨울잠을 자는 생명들이 얼어 죽지 않습니다. 삶과 죽음이 함께 있는 것 같군요. 지상에서 사라진 정화가 생명을 지켜주고 있으니까요.

c) 정기 18일 : 무토

무토가 작용합니다. 이때의 무토는 좀 묘합니다. 생명을 직접 키워낼 수는 없습니다. 땅속에서 火를 보호해 동면하는 생명들을 간접적으로 지원합니다.

가을의 끝자락인 음력 9월은 곡식이나 작물이 자라는 시기가 아닙니다. 요즘은 농업기술이 발달해 일 년 내내 채소를 먹을 수 있지만 원래 술월은 거두어들일 수확물이 없는 때입니다. 아직 베지 않은 벼가 있다 해도 그저 땅에 뿌리만 박고 있을 뿐 자라는 건 아닙니다. 농사가 잘 돼 수확이 많았던 땅이라면 편안히 쉬고 있을 것입니다. 소출이 시원찮았다면 쉰다기보다는 좀 따분하고 무료할 수도 있겠지요.

戌의 분위기

음력 9월은 찬 이슬이 맺힌다는 한로부터 시작됩니다. 날씨는 점점 추워지고 농부는 추수를 마무리해 창고에 들여야 합니다. 농부에겐 길고 힘들었던 한 해 농사를 마감하는 때지요. 봄에는 씨를 뿌렸고 여름과 가을에 걸쳐 정성들여 가꾼 것을 비로소 거두어들이는 것이니 그야말로 수확의 계절입니다. 농사를 잘 지었으면 잘 지은 대로, 못 지었으면 못 지은 대로, 생산물이 있으니 그래도 거둠의 기쁨은 있습니다.

오행의 작용으로 본 戌월은 즐거운 계절이 아닙니다. 지장간을 보면 잘 알 수 있습니다. 戌토는 배양능력이 없는 땅입니다. 가을철 수확이 끝난 후의 텅 빈 들녘, 에너지가 소진되고 양분이 없어진 땅, 생명에게 에너지를 제공할 물이 없는 골짜기, 육체적 속박이 없어져 정신은 자유로운 상태 등 여러 가지로 해석이 가능한 땅입니다.

실용적인 면에서만 본다면 술토는 생산성이 없어 사람들이 별로 찾지 않는 곳입니다. 그렇다고 역할이 없지는 않습니다. 실용성이 없다는 단점이 오히려 장점이 돼 정신성을 부여받았습니다. 옛사람들은 술토를 속세를 떠나 산속에 위치한 절土에 비유했습니다.

술토는 우리가 해결하기 어려운 일로 몹시 지쳐있을 때 도움을 줍니다. 고요한 산속, 술토를 닮은 사찰에서 상념을 내려놓고 잠시 명상에 잠기거나 휴식을 취하면 다시 힘을 얻습니다. 꼭 절이 아니어도 좋습니다. 산책을 하거나 등산을 하면서 사색에 잠기는 것도 술토의 기운에 젖어드는 것입니다.

옛날 사람들은 술월 다음에 이어지는 亥수를 특별히 戌亥로 함께 묶어 천라天羅라 부르며 인간의 영혼이 향하는 방향이라 생각했습니다.

우리가 잘 모르는 단어나 개념을 만났을 때는 그것과 정반대에 있는 것을 떠올리면 이해될 때가 많습니다. 천라도 戌亥와 반대쪽에 있는 辰巳를 알고 나면 뜻이 분명해집니다. 진사는 지호地戶라 하여 인간이 경작 가능한 땅, 시골 장터, 분주한 터전을 의미했습니다. 지호는 살아가는 일만으로도 너무 바빠서 눈코 뜰 새가 없지요. 진사에는 농부는 농사 준비로 바쁘고 직장인은 일하느라 바쁘고 경영자는 이득을 계산하느라 부산한 모습이 들어 있습니다. 지호의 세계에서 인간은 세속의 이해관계에 집착합니다. 지호를 갖고 태어난 사람은 아무래도 정신적 영역보다는 당면한 현실에 더욱 많은 관심을 쏟을 것입니다.

그에 비해 천라는 지향하는 방향도 정신적이고 몽환적입니다. 세속적 욕구도 별로 없습니다. 북방 하늘을 향해 솟대를 꽂고 신과 소통하기 위해 기도를 올렸던 샤머니즘적 행위도 천라의 세계로 진입하기 위한 염원이었습니다. 천라를 가지고 태어난 사람들은 정신세계에 관심이 많습니다. 종교 활동을 하거나 철학을 공부합니다.

일상에서 발견하는 戌의 이미지

술토에는 辛丁戊가 있습니다. 따뜻한 화로, 동굴, 사막이 연상됩니다.

기술이 발달한 오늘날은 예전에 비해 술토의 쓰임새가 훨씬 다양해졌습니다. 이것은 술토를 갖고 태어난 사람이 할 일이 많아졌다는 얘기고 진출할 무대도 넓어졌다는 것입니다.

대규모로 조성된 공업단지, 강이나 바닷물을 막는 댐, 도시와 도시를 잇는 고속도로, 광산, 터널 등 기간산업시설도 술토의 모습입니다. 막힌 곳은 뚫고, 끊어진 곳은 이어 붙이고, 높이가 다른 곳은 고르게 만드는 공사현장도 술토의 활약이 돋보이는 곳입니다. 술토는 보존하고 묻어두는 창고나 금고의 역할도 합니다. 조달청, 은행, 귀중품을 보관하는 금고, 세무서 등은 도심지 한복판에 있는 술토인 셈이군요.

술토는 영혼의 세계와도 맥이 닿아 있어 철학, 종교, 역학, 점술과 관련된 분야에도 영향을 미칩니다.

개띠, 다정하지만 답답합니다

주인이 죽으면 저승까지 동행한다는 개는 충성스러운 동물로 알려져 있습니다. 뒤집어 생각하면 융통성이 부족하고 꽉 막힌 구석도 있다는 얘기지요.

용은 화려한 미래를 꿈꾸는 계절의 길목에 있었습니다. 개는 생명의 에너지가 고갈된 황량한 계절에 등장했습니다. 진토와 술토의 차이점은 달의 분위기에서도 잘 드러납니다. 개는 마치 이승과 저승의 갈림길에서 인간과 함께하기 위해 술월을 맡은 것 같습니다.

개는 충직한 동물이지만 좀 답답한 측면도 있습니다. 복종하기로 마음을 먹으면 일생동안 변하지 않습니다. 자신을 키워준 주인을 잘 잊지 않습니다. 변덕스러운 용과는 많이 다릅니다.

속사정을 알고 보면 또 그만한 이유가 있지요.

용은 스스로 변화할 수 있는 역량이 있어 누구에게 의지하는 동물이 아니지요. 반면 개는 평생을 인간에 의지해 살아갑니다. 주인과의 관계에 좌우될 수밖에 없지요.

술토를 타고난 사람도 신의를 중요하게 여깁니다.

겨울 호흡

해수亥水

자수子水

축토丑土

우주는 계절이 바뀔 때마다 에너지를 전환해 자연의 리듬을 바꿉니다. 金의 과정이 진행되는 동안 외부는 음기로 경직되었지만 내부는 양이 들어 있어 음과 양이 조화를 이룬 치밀한 구조가 되었습니다. 그 과정에서 목의 생명력은 점차 약화돼 가다가 가을이 끝나가는 戌월이 되면 완전히 소진돼버립니다. 이제 땅 위에 생명의 자취는 영영 사라지고 쓸쓸한 적막감만 감돌지요. 그냥 이대로 생명현상이 끝나버리는 게 아닌가 하는 걱정을 하고 있는 사이, 강과 산의 기슭에서 물이 흐르는 소리가 들리기 시작하더니 어느새 계곡을 타고 바다나 호수로 흘러들면서 다시 물이 고입니다. 이때가 되면 자연의 리듬은 가을을 마무리하고 새로운 계절 겨울을 맞이합니다. 이제 水가 온전히 한 계절을 지배하는 시기가 되었답니다.

수는 금의 치밀한 구조를 풀어내 얽매이지 않는 자유로움으로 바꿔냅니다. 수는 존재의 깊숙하고 미세한 곳까지 흘러들어 충동과 욕구도 섬세하게 감지합니다. 자연은 드러나지 않은 심층의 기운을 읽어내는 수에게 새 생명을 여는 역할을 맡겼습니다. 이런 水가 주인으로 나타난 것이 亥子丑 달이지요.

해수亥水, 삶과 죽음을 이어 붙이는 장소

에너지가 쌓이면서 생명에 대한 욕구가 생긴다.

어둡고 낮은 데에서 생기가 깃든다.

亥의 지장간 : 戊(물가의 흙), 甲(새로 잉태되는 생명들), 壬(에너지가 깔려있는 바다)

a) 초기 7일 : 무토

술달의 영향으로 무토가 이어졌습니다.

b) 중기 7일 : 갑목

봄에 활동할 갑목이 먼저 어린 기운으로 태어납니다.

c) 정기 16일 : 임수

임수는 생명에게 활력을 제공하는 에너지입니다. 갑목은 이곳에서 엄마의 자궁처럼 편안함을 느끼며 자랍니다.

亥의 분위기

겨울이 오면 만물은 생기를 잃습니다. 소설小雪이 지나면 첫 얼음이 얼고 첫 눈이 내립니다. 월동 동물들은 동면에 들 준비를 하지요. 태양 빛도 다릅니다. 여름날 타오르던 그 태양이 아니지요. 살아 움직이는 생명에게 빛이 약화되는 것은 죽음을 의미합니다. 그래서 옛사람들은 해수를 저승의 물로 생각했답니다.

요즘은 강이나 호수, 바닷가를 찾더라도 레온사인 때문에 적막감을 느끼기는 어렵습니다만 빛이 태양뿐이었던 시절을 생각해보세요. 사람들은 어둡고 캄캄한 물을 보면서 이승을 떠난 사람이 가는 곳으로 여겼습니다. 지상에서의 활동은 끊어졌지만 영혼은 깊은 물속에서 또 다른 생명현상과 이어진다고 믿었습니다.

따지고 보면 亥수는 적막하기만 한 곳이 아닙니다. 봄의 주역인 갑목이 자라고 있고 생명에게 에너지를 제공할 임수가 있으니까요. 亥월에서는 끊임없이 이어지는 생명의 세계를 느낄 수 있습니다.

일상에서 발견하는 亥의 이미지

양의 기운이 가득한 火에 비해 水는 음이 채우고 있지요. 어둡고 무겁고 가라앉는 기운입니다. 그래서 수를 죽음과 연결시킵니다. 죽음이 수의 세계라면 이 죽음은 그냥 사라져 끝나는 것이 아니겠군요. 수는 생명의 에너지를 품고 있으니 죽음도 새로운 삶을 위한 준비 작업이지 않겠습니까?

해수와 관련된 일상의 활동을 찾아봅시다. 지장간은 무토와 갑목, 임수였지요. 농가에서 씨앗을 심고 퇴비를 만들며 농사준비를 하는 일, 수산물을 처리하고 유통시키는 여러 과정, 해양자원과 관계된 일, 아이가 태어나는 과정에도 해수의 작용이 미칩니다.

해수를 갖고 태어나는 사람은 실험실에서 연구를 하거나 어두운 곳에서 땅을 파는 작업도 하고 지하수도 개발합니다. 해수 속의 임수는 흐르는 능력이 있기 때문에 곳곳으로 흘러 다니는 것도 가능합니다. 외교관이 되거나 선원이 되거나 해외로 진출해 무역업을 할 수도 있습니다.

돼지띠, 생각이 깊습니다

옛 사람들은 돼지띠로 태어나면 일생동안 먹고 마시는 문제에서는 걱정이 없고 건강하게 장수한다고 믿었답니다. 먹을거리가 부족했던 시대에 먹고사는 일상적 걱정을 하지 않아도 된다니 그야말로 대단한 복이지요. 돼지띠가 가진 놀라운 능력은 따로 있답니다. 바로 사물의 내면을 깊이 이해할 수 있는 지혜입니다. 이것은 水의 특성에서 나옵니다. 빈틈없이 흘러드는 속성이 사색의 기운을 만들어내지요.

자수 子水, 생명을 기다리며 기운을 변환하는 마법의 공간

지나간 것을 새로운 것으로 바꿔낸다.

정제된 물

子의 지장간 : 壬(깊은 바닷속의 물), 癸(맑게 고인 물)

해수도 수심이 깊은 물이었지요. 자수는 해수보다 훨씬 더 깊습니다. 인간이 쉽게 닿기 어려운 깊은 바닷속과 같습니다. 해수보다는 더욱 깜깜하고 비밀스러운 곳입니다. 혹 가까이 접근해도 속을 파악하기 어렵습니다.

a) 초기 10일 : 임수

이전 달의 임수가 이어졌습니다.

b) 중기 : 없음

c) 정기 20일 : 계수

초기의 임수가 그나마 유지하던 약한 운동성마저 잃어버려 계수가 됩니다.

물리적으로 생각해보면 이렇습니다. 자월의 癸수는 해월의 壬수가 여러 곳으로 흘러가 고인 물입니다. 고요하고 움직임이 없는, 최고로 압축된 에너지입니다.

子의 분위기

혹독한 겨울입니다. 이달 중간쯤에 밤의 길이가 일 년 중 가장 긴 동지가 있습니다. 동짓날이 지나면 낮은 매일 1분씩 길어집니다. 미세한 양의 기운이 깊은 음지에서 꿈틀거리기 시작하는 것입니다.

송나라 학자 소강절은 우주의 시작을 하늘과 땅과, 그 가운데 살고 있는 존재라는 삼원三元의 개념으로 설명했는데요. 그가 쓴 〈황극경세〉에는 아래와 같은 글귀가 있답니다.

> 천개어자, 지벽어축, 인기어인 (天開於子, 地闢於丑, 人起於寅),
> "하늘은 子에서 열리고 땅은 丑에서 개벽되었으며 생명은
> 寅에서 시작된다."

자수를 새로운 시작과 관련지었네요. 하늘이 시작되는 시점을 자로 본 것은 水가 태초의 시원이라는 겁니다. 해수도 자수와 같은 水인데 무슨 차이가 있기에 자수를 시작의 기운으로 보았을까요? 子수와 亥수를 따져봐야겠네요.

해수의 정기 壬수가 흘러가 고인 것이 자수의 癸수입니다. 해수는 어떤 일이 마무리되는 과정이어서 새로운 사건이 발생할 수는 없었습니다. 물론 술월이 종결시킨 생명의 기운을 어렵사리 이어나가는 중요한 실마리는 해수가 제공했지요. 갑목이 태어났으니까요. 그래도 이 갑목은 해월에서는 형태를 잡지 못한 미약한 기운입니다. 자연의 순환메커니즘에서 해수는 새

로운 탄생을 위해 종결과 죽음이라는 뒷정리를 맡았습니다. 해월은 죽음이라는 어휘를 사용할 뿐이지 실은 자연이 부여한, 새 생명을 잉태하는 과제를 무사히 마쳤기에 아쉬움보다는 편안함을 느낍니다.

거기에 비해 子달은 분위기가 사뭇 다르지요. 종결과정이 잘 마무리된 다음, 시작을 위해 새로운 관문으로 접어든 것이 자수 단계거든요. 자수는 깨끗하고 맑은 물로 새로운 세계를 향해 출발하는 기운입니다.

일상에서 발견하는 子의 이미지

기본적으로는 해수와 비슷합니다만 해수에 비해 자수가 보다 깊은 물이니 하는 일도 좀 더 전문적입니다. 이것은 해월의 정기 임수와 자월의 정기 계수의 차이점이기도 합니다.

계수는 생명의 배양과 신진대사에 깊이 개입돼 있습니다. 생체에너지와 직결됩니다. 신체적으로 보면 방광, 신장, 자궁이 계수가 활동하는 곳입니다. 자수를 타고난 사람이 의사가 된다면 산부인과나 비뇨기과에서 두각을 나타낼 것입니다.

자수에는 시작과 창조의 기운이 들어있으니 새로운 발상을 떠올리거나 남들이 하지 않은 일에 뛰어드는 것과도 연관이 있습니다. 기획하고 연구하고 발명하는 일은 자수를 타고난 사람이 잘 합니다.

쥐띠, 전문가적 기질을 타고납니다

밤의 제왕인 쥐는 활동범위는 좁습니다. 그래도 발길이 닿은 영역은 빈틈없이 이해합니다. 또 부지런히 움직여 재물을 확보하고 비밀스럽게 쌓아두지요. 모은 재산을 자랑하지도 않고 혼자서 누립니다.

사람들이 곤히 자는 한밤중에 살금살금 기어 나와 활동하는 쥐에 대해 옛날 사람들은 좋은 인상을 갖지 않았답니다. 살펴본 대로라면 새로운 시작의 기운을 품고 있어 기대와 희망도 갖게 하는 쥐인데 사람들은 왜 부정적으로 보았을까요? 그 사정을 더듬어보지요.

농부는 한해의 농사가 모두 끝나면 수확물을 곡물창고로 옮겨 차곡차곡 쌓습니다. 쥐는 봄여름과 가을 동안은 들판이나 야외에서 스스로 먹이를 구해 그럭저럭 살아갑니다. 겨울만큼은 도저히 혼자 힘으로는 버티기 어렵지요. 하는 수 없이 농부의 곡식창고로 숨어 들어와 쌓아둔 곡식을 야금야금 축내며 생명을 이어갑니다. 애써 마련한 가족의 식량을 쥐란 놈이 새끼들과 떼로 나타나서 겨울 내내 얄밉게 먹어치우니 부아가 치밀 만도 하군요. 남의 말을 몰래 엿듣고 고자질할 수 있는 녀석을 쥐로 지목한 '낮말은 새가 듣고 밤말은 쥐가 듣는다'는 속담도 그래서 나왔는지 모릅니다.

쥐에 대한 그릇된 시각은 평가기준을 인간의 이해관계에만 두어서 그렇습니다. 우주 전체의 균형에서 보면 문제될 것이 없답니다. 지장간의 구성을 따져보아도 자수는 가장 순수하고 깨끗한 물이지요.

띠 동물을 이해할 때도 10간을 중심으로 접근해야 합니다. 쥐의 성정을 다시 분석해봅시다.

밤의 세계에서 쥐는 水의 제왕입니다. 수는 만물의 시작을 의미하고 깊이 파고들어 생각하는 기운이지요. 에너지도 압축되어 있고요. 해수의 지장간은 수 이외의 요소까지 섞여 있었던 반면, 지장간이 수로만 이루어져 깨끗하게 정제된 자수는 새로운 시작을 만들어내고 싶습니다.

쥐도 그렇습니다. 예민한 감각으로 조심스럽게 새로운 곳을 찾아 자신의 에너지를 유통시키고 싶은 것이지요.

축토 丑土, 축적된 에너지가 많은 땅

물적 자원을 비축해 놓은 땅

丑의 지장간 : 癸(응축된 에너지), 辛(보존돼 있는 자원), 己(부드러운 흙)

a) 초기 9일 : 계수

자수의 정기가 이어졌습니다.

b) 중기 3일 : 신금

丑월 중기에는 가을 기운 辛금이 땅속 깊이 내려가 자리를 잡습니다. 水의 부모에 해당하는 금이 묻히는 것이지요. 그래서 丑을 金의 묘지라 일컫습니다. 계절이 바뀌면 봄의 주인 木이 활동할 수 있도록 金은 한동안 자리를 비켜주는 의미도 있습니다. 세상일도 기득권을 가진 사람이 너무 오래 활동하면 후배들의 발전을 가로막는 경우가 생깁니다. 자신의 역량을 발휘하는 것도 좋지만 물러갈 시기에도 계속 버티는 것은 자연의 섭리에 맞지 않음은 축월을 통해서도 알 수 있습니다.

c) 정기 18일 : 기토

이달의 주인 기토가 임무를 완수합니다.

음력 12월 축토는 음력 6월 미토와 비교해보면 이해하기 쉽습니다. 未토가 정신적 산물이 보관되는 곳이라면 丑토는 물질적인 것들이 보존되는 자재창고 같은 곳입니다.

丑의 분위기

　이치대로라면 동지가 들어있고 지장간도 수로만 된 자월이 가장 추워야하는데 이상하게 우리가 느끼기에는 축월이 더 춥습니다. 일사량도 분명히 자월보다 많은데 왜 축달을 더 춥다고 느낄까요? 여름의 未월이 누적된 열 때문에 가장 더운 달이 되는 것과 마찬가지입니다. 차곡차곡 쌓인 추위가 땅속까지 깊이 파고들어 가뜩이나 추운 겨울을 더 얼어붙게 만드는 겁니다.

　해자축으로 이어지는 겨울의 마지막, 축월의 들판은 군데군데 얼음과 눈만 보일 뿐 초목은 발견하기 어렵습니다. 간혹 시들고 말라붙은 풀이 눈에 띄어도 생명의 기운은 땅속의 뿌리에 있지요. 상황이 이러니 초식 동물들은 겨울나기가 힘들고 그 동물들을 먹이로 삼는 육식 동물도 겨울을 나는 것이 매우 어렵습니다. 혹독한 겨울을 견디느라 가뜩이나 지쳐 있는 생명들에게 온기의 흔적은 털끝만큼도 찾아볼 수 없는 축월은 그 자체로 거대한 시련입니다.

　그런데 얼어붙은 이 땅에도 온기가 찾아옵니다. 새로운 계절 봄이 다가오고 있습니다. 어떻게 그런 일이 일어날 수 있을까요?

　자월에는 없던 부드러운 흙 己토가 丑월의 지장간 정기를 차지했습니다. 子의 바닷속 깊은 기운이 丑 속의 己토로 연계돼 생명에게 터전을 제공할 수 있습니다. 생명이 발아할 수 있는 단계로 접어든 것입니다. 이 기토는 점점 늘어나는 태양 빛을 흡수해 만물을 성장시킵니다.

　원래 토는 멈추어 쉬는 속성이 있지만 12지의 토들은 각자의 상황에 맞게 할 일도 하면서 쉴 수밖에 없지요. 봄을 준비하는 기토도 마냥 쉴 수만은 없습니다. 기토는 봄에 활동할 목을 위해 땅의 기운을 조금씩 열어 태양의 에너지를 받아들입니다. 축이 이런 역할地開於丑을 해놓아야 봄의 땅에 생명의 기운이 충분히 깃들 수 있습니다.

일상에서 발견하는 丑의 이미지

축토는 미토와 비교하면 이해하기 쉽다고 했지요. 축토도 미토와 마찬가지로 지장간의 정기는 기토입니다. 흥미로운 건 기토를 제외한 나머지 요소들은 서로 상반된 것들로 채워졌다는 사실이랍니다. 미토는 축토에 비해 가볍고 경쾌한 木火의 지장간이 들어 있어서 정신, 문화, 교육, 정보, 놀이와 관련이 많습니다. 축토는 金水의 무거운 에너지가 보존되어 있어 주로 물질성을 가진 물적 자원과 연관됩니다.

옛날 사람들은 축토를 해안가, 하구, 무기창고, 군영, 농사를 짓는 농토 정도로 여겼습니다. 과학과 기술이 발달한 오늘날은 축토의 가치가 훨씬 높아졌습니다. 식품 저장소, 자재 창고, 기계 창고, 차량 정비소, 무기 저장고, 은행의 금고, 각종 기계 등도 축토의 특성이 잘 발휘되는 영역입니다. 또 의료 기구, 중장비도 축에서 연상할 수 있는 것들입니다.

목화가 깃든 未토는 가볍고 경쾌한 분위기임에 비해 금수가 깃든 丑토는 무겁고 육중한 분위기라는 것을 기억하면 좋겠습니다.

소띠, 뜻한 것은 반드시 이루어 냅니다

순하고 어진 소의 눈을 보면 측은한 느낌이 들지요?

인간에게 자신의 모든 것을 내주는 소는 정말 전생의 업보로 고통을 당하는 것일까요? 아니면 더 나은 생명 단계로 나아가기위해 고난의 과정을 견디는 걸까요? 설령 윤회라는 것이 있다 해도 이생에서의 고된 삶이 끝나면 전생에서 지은 모든 죄는 용서받을 것 같지요?

기술이 발달한 오늘날은 소가 농사일에 자주 동원되지는 않습니다. 대신 인간에게 먹히기 위해 가혹한 방법으로 사육당하며 시달립니다. 사실 인간이 기르는 가축치고 편안하게 자기 생체 리듬에 맞게 살 수 있는 동물은 거의 없습니다.

丑달 지장간은 辛금과 癸수가 있지요. 차갑고 무거운 金水가 있어 움직임이 느리고 둔합니다. 소는 체구가 크고 힘도 세지만 활동량이 많지 않은 겨울에는 한자리에 오래 머물며 봄이 오기만을 기다립니다. 넓은 초원을 활기차게 달리는 말과는 아주 다르군요. 소의 고단한 일생에 비하면 말의 삶은 정말 멋지고 화려해 보이니 소로서는 억울해할 것 같지만 꼭 그렇지는 않습니다. 조화를 중요시하는 우주법칙에 따라 소는 다음 계절에 나올 생명을 위해 자재 창고의 역할을 하고 있다는 자부심이 있습니다.

사주에 丑이 있는 사람들은 대체로 말수가 적고 침착합니다. 어렵고 힘든 일도 잘 참아내기에 뜻한 바를 성취합니다. 다만 무엇을 빨리 이룰 수는 없습니다. 분초를 다투는 업무에는 잘 맞지 않습니다.

지금까지 10간과 12지를 나누어 살펴보았습니다. 10간은 시간의 좌표이며 12지는 공간의 좌표입니다. 10개의 천간과 12개의 지지가 서로 만나 시간과 공간이 교차되면서 60甲子가 나왔습니다. 복잡할 것 같지만 그 원리는 너무도 단순합니다. 천간은 천간끼리 지지는 지지끼리 만나는 과정을 영원히 지속하는 것입니다.

이제 60갑자의 작용을 탐구할 차례입니다.

3부 | 운명에 다가가다

명식, 운명방정식

존재로 태어나면 누구나 자신만의 고유한 연월일시를 갖습니다.

그것을 네 개의 기둥이라는 뜻으로 사주四柱라 합니다.

명식, 운명, 명이라고도 일컫습니다.

네 개의 기둥은 아래와 같습니다.

年의 기둥을 연주年柱

月의 기둥을 월주月柱

日의 기둥을 일주日柱

時의 기둥을 시주時柱라 합니다.

사주팔자라는 말의 四柱가 바로 네 개의 기둥이었군요.

四柱, 4대가 머무는 집

네 기둥과 여덟 글자

사주는 확인했고 그럼 팔자는 어디 있을까요?

우리는 앞에서 열 개의 천간과 열 두 개의 지지를 살펴보았습니다.

10간과 12지지가 결합하면 60개의 年이 나오고 그것을 60갑자라 했습니다. 우리가 태어난 해도 60가지 年 중에 하나일 것입니다. 사주가 팔자가 되는 건 우리의 생년월일시를 천간과 지지로 구분했기 때문입니다. 기둥의 윗부분은 간이 되고 아랫부분은 지가 됩니다.

여기서 연은 연간과 연지, 월은 월간과 월지, 일은 일간[13]과 일지, 시는 시간과 시지로 구성됩니다. 네 개의 기둥에서 여덟 개의 요소로 바뀌었지요. 이것이 팔자입니다. 운명을 구성하는 여덟 가지 요소라는 뜻이지요. 이렇게 얘기하면 이런 의문을 갖는 분이 계실 거예요.

어? 12지는 지장간이 있으니 여덟 개보다 더 많을 텐데?

네. 맞습니다. 책을 주의 깊게 읽어 오신 분이군요. 사주에서 지지를 나타낼 때는 대표 기운인 정기만 표시해줍니다. 이제 사주팔자를 이루는 요소는 이해하셨지요?

---

[13] 태어난 날에서 결정되는 일간은 '나'를 의미합니다. 생각하고 결정하는 나 자신입니다.

연월일시 건축물

사주는 연월일시라는 4단계로 되어있습니다. 연월은 지구 공전에서 결정되고 일시는 지구 자전에서 나옵니다. 연월이 일시에 영향을 미치는 형태입니다. 인식의 주체인 일간은 공전의 영향을 받은 자전의 움직임입니다. 그럼 여기서 연월일시의 관계, 사주의 구조를 살펴봅시다.

사주 (뿌리, 줄기, 꽃, 열매)
근(根, 뿌리) : 年의 기둥, 연주年柱
묘(苗, 줄기) : 月의 기둥, 월주月柱
화(花, 꽃) : 日의 기둥, 일주日柱
실(實, 열매) : 時의 기둥, 시주時柱

연주는 할아버지, 할머니를 비롯한 윗대의 조상이 만든 결과입니다.
월주는 부모가 형성하는 기운입니다.
일주는 일간과 배우자가 함께 엮어나가는 기운입니다.
시주는 일간이 지향하는 목적지입니다. 인생 후반부의 삶을 알 수 있습니다.

연주年柱
연은 우리가 보통 띠로 알고 있는 곳입니다. 사주의 기본 뿌리입니다. 선조들의 환경이 나타나는 곳입니다. 조상의 신분, 생활 근거지, 일간이 태어나기 전의 여건, 태어나고 자랄 때의 형편까지도 알 수 있습니다.

연주는 영향력을 미치는 시간이 아주 깁니다. 평생 이어집니다. 물론 일간이 성장해가면서 연주의 기운이 점차 약해지는 건 분명하지만 완전히 단절되지는 않습니다.

연은 사주에서 첫 번째 등장하는 관문입니다. 집으로 치면 대문입니다. 대문을 통과하지 않으면 집안을 알 수 없지요. 결혼할 때 띠를 중시하는 것도 이유가 있습니다. 서로 다른 환경에서 커온 남녀가 가정이라는 구조물을 잘 만들기 위해서는 각자의 대문을 잘 통과하는 것에서부터 문제가 없어야 한다는 생각이 깔렸기 때문입니다.

월주月柱

월령月令이라고도 합니다. 연주에서 가지를 뻗어 나온 기운입니다. 부모가 조성한 가정환경을 알 수 있습니다. 계절의 힘이 작용하기 때문에 개인의 운명에 가장 큰 영향을 끼칩니다. 일간이 부모로부터 독립해 독자적 힘을 갖게 될 때까지는 직접적인 영향을 받는 곳입니다.

연주가 시간적으로 길게 이어지는 구속이라면 월주는 실질적 구속력을 행사합니다. 아버지, 어머니, 형제자매와의 인연도 월주에서 드러납니다. 월주를 보면 일간이 자랄 때의 가정 분위기와 가문의 영향도 짐작할 수 있습니다.

일주日柱[14]

일주는 정체성이 결정되는 곳이며 인식의 중심을 이루는 곳입니다. 선택하고 판단하고 결정하는 인식의 주체, 일간이 있기 때문이지요. 일지(일의 지지)는 배우자의 자리입니다. 일지를 보면 배우자의 환경을 알아볼 수 있습니다. 일주에서는 부부가 함께 만들어가는 가정의 분위기를 느낄 수 있습니다.

시주時柱

시주는 일주가 지향하는 최종 목적지여서 말년과 깊은 연관이 있습니다. 관계로 보면 아들, 딸, 아랫사람, 인생의 후반부에 만나는 사람 등을 의미합니다. 시주를 살펴보면 나이가 들었을 때의 삶을 알 수 있습니다. 또 일간이 세상을 떠난 후 후손이 펼쳐가는 삶의 행로도 짐작할 수 있답니다.

인생 전반부는 부모의 보호 아래 성장하는 과정이라 연월의 지배력에 좌우됩니다. 후반부는 결혼을 하고 자식을 낳고 한 가정을 잘 이끌어야 하기에 일과 시가 위력을 발휘합니다.

---

14 일간과 동일한 의미로 사용될 때도 있지만 엄밀하게는 일간 +일지를 뜻합니다.

관계의 바다, 육친이 있어 네 개의 기둥은
거대한 운명 드라마를 연출할 수 있습니다.

관계의 바다, 육친

육친六親, 관계에 다가가다

　육친은 일간을 중심으로 발생하는 관계를 말합니다. 인성印星, 비겁比劫, 식상食傷, 재성財星, 관성官星의 다섯 가지 요소에 일간日干까지 더해 육친六親, 혹은 육친 관계라 부릅니다. 육친은 사주를 인생사에 적용하기 위해 나왔습니다. 인간의 운명을 해석해보는 것이지요. 그러니 그 의미를 제대로 알면 자신의 운명구조를 이해할 수 있습니다.

　육친이라고 하니 친구가 여섯인가 하며 궁금해 하셨죠? 친구라 할 만한 요소도 있기는 합니다. 그런데 이름은 또 다들 왜 이렇게 어려울까요? 그럼 육친이 대체 무엇인지부터 알아봅시다.

육친 산책

인성은 일간을 상생하는 오행,
비겁은 일간과 성분이 같은 오행,
식상은 일간이 상생하는 오행,
재성은 일간이 상극하는 오행,
관성은 일간을 상극하는 오행입니다.

육친에 다가가려면 어떻게 해야 할까요?

먼저 사주에 나타난 오행을 육친으로 바꿉니다. 오행을 육친으로 바꾸는 작업은 연월일시 중, 일간을 중심으로 합니다. 육친은 일간을 중심으로 상생하고 상극하는 관계를 만듭니다. 힘의 관계이론인 셈입니다.

이를테면 일간이 甲乙목이라면
甲乙목을 상생하는 壬癸수는 인성,
甲乙목과 오행이 같은 甲乙목은 비겁,
甲乙목이 상생하는 丙丁화는 식상,
甲乙목이 상극하는 戊己토는 재성,
甲乙목을 상극하는 庚辛금은 관성이 됩니다.

명식에 대입해보는 것이 이해가 빠르겠지요. 그럼 양력으로 1935년 12월 17일 18시에 출생한 사람의 사주를 세워봅시다.

만세력에서 날짜를 찾아 간지를 확인하면 다음과 같습니다.

```
시  일  월  연
己  丁  戊  乙
酉  卯  子  亥
```

일간 丁화를 기준으로 육친 관계를 정합니다.

천간은 복잡하지 않은 단일한 기운이라 쉽게 파악됩니다. 지지에는 두 개 혹은 세 개의 요소가 포함된 지장간이 들어있지만 대표 격인 정기를 표기합니다.

```
己  丁  戊  乙
酉  卯  子  亥

土  火  土  木
金  木  水  水
식상 일간 식상 인성
재성 인성 관성 관성
```

시부터 따져보지요.

酉금의 정기는 辛금이니 丁화에게는 재성

卯목의 정기는 乙목이니 丁화에게 인성

子수의 정기는 癸수라서 丁화에게 관성

亥수의 정기도 壬수여서 丁화에게는 역시 관성입니다.

육친을 이해할 때는 관계와 함께 작용도 살펴야 합니다. 예를 들면 육친에서 재성財星은 인간 관계로는 부친, 아내에 해당하지만 작용으로 보면 사회적 활동이나 역할, 재물도 되기 때문입니다.

위에서 살펴본 육친은 오행을 음양으로 따로 구분하지는 않았습니다. 시중의 사주명리 책들을 보면 대체로 육친을 음양에 따라 열 가지로 나누어 설명합니다. 정正과 편偏을 분리하는 것입니다.

인성은 편인偏印과 정인正印으로,

비겁은 비견比肩과 겁재劫財로,

식상은 식신食神과 상관傷官으로,

재성은 편재偏財와 정재正財로,

관성은 편관偏官과 정관正官으로 나눕니다.

일간이 甲목이면 壬癸수가 인성印星이지요. 그것을 다시 음양으로 구분한 다음, 甲목은 양(+)의 목이므로 인성을 따질 때도 음(-)에 해당하는 癸수는 정인이라 합니다. 양에 해당하는 壬수는 편인이라 부르지요.

이렇게 정과 편을 구분한 표를 만들면 다음과 같습니다.

육친六親표[15]

日干	甲	乙	丙	丁	戊	己	庚	辛	壬	癸
比肩	甲	乙	丙	丁	戊	己	庚	辛	壬	癸
劫財	乙	甲	丁	丙	己	戊	辛	庚	癸	壬
食神	丙	丁	戊	己	庚	辛	壬	癸	甲	乙
傷官	丁	丙	己	戊	辛	庚	癸	壬	乙	甲
偏財	戊	己	庚	辛	壬	癸	甲	乙	丙	丁
正財	己	戊	辛	庚	癸	壬	乙	甲	丁	丙
偏官	庚	辛	壬	癸	甲	乙	丙	丁	戊	己
正官	辛	庚	癸	壬	乙	甲	丁	丙	己	戊
偏印	壬	癸	甲	乙	丙	丁	戊	己	庚	辛
正印	癸	壬	乙	甲	丁	丙	己	戊	辛	庚

일간이 甲목일 때 정편을 나누지 않은 경우

甲목을 상생하는 壬癸수는 인성

甲목이 상생하는 丙丁화는 식상

甲목이 상극하는 戊己토는 재성

甲목을 상극하는 庚辛금은 관성

甲목과 오행이 같은 甲乙목은 비겁입니다.

[15] 힐끗 보기만 해도 머리가 아프지요? 이 책에서는 육친을 정편으로 나누어 설명하지 않을 것이니 이 표는 기억하지 않아도 됩니다.

다시 음양으로 세분하면 이렇습니다.

甲목을 상생하는 인성이지만 음양이 같은 壬수는 편인이며, 음양이 다른 癸수는 정인이 됩니다.

甲목과 성질이 같아 비겁이지만 음양이 같은 甲목은 비견이 되고, 음양이 다른 乙목은 겁재가 됩니다.

甲목이 상생하는 식상이지만 음양이 같은 丙화는 식신이며, 음양이 다른 丁화는 상관이 됩니다.

甲목이 상극하는 재성이지만 음양이 같은 戊토는 편재이며, 음양이 다른 己토는 정재입니다.

甲목을 상극하는 관성에서도 음양이 같은 庚금은 편관이 되고, 음양이 다른 辛금은 정관이 됩니다.

갑목만 설명했지만 십간의 나머지 요소인 乙 丙 丁 戊 己 庚 辛 壬 癸도 과정은 동일합니다. 이 책에서는 육친 관계를 음양으로 나누지는 않겠습니다. 설명방식도 모든 것을 나열하기 보다는 압축하고 단순화시킬 것입니다.

육친을 중요시하면서도 음양의 구분을 마다하는 데는 이유가 있습니다. 용어나 개념은 시대가 만든 부산물입니다. 육친은 송나라 때 나왔습니다. 당시는 성리학이 자리를 잡아가던 시기이므로 명분을 중요하게 여겼습니다. 육친에도 옳고 그름을 판단하는 윤리기준을 적용해 음양에 따라 육친 종류를 편編과 정正으로 나누었던 것이지요.

편과 정이라는 용어의 구분은 단지 일간의 관점에서 바라본 것일 뿐인데도 정인은 좋고 편인은 조금 못하다는 시각이 있었습니다.

음양의 작용을 편과 정으로 나누고 세심한 차이까지 이해하려는 태도는 모든 것이 느리게 작동하던 과거에는 도움이 되었는지 모릅니다. 일상이 복잡다단하게 돌아가는 오늘날은 그런 차이를 파악하는 일이 어렵기도 하고 의미도 없습니다. 육친을 정과 편으로 구분해 연구하는 것보다는 10간의 세심한 차이를 깊이 탐구하는 것이 운명을 잘 이해할 수 있는 방법입니다.

육친을 이해하는 세 가지 시선

첫째, 인연 관계로 파악합니다.

둘째, 컴퓨터 기기의 입출력 관계로 판단합니다.

셋째, 상생상극에서 발생하는 관계거리를 따집니다. 가깝고 먼 관계거리를 측정해보는 것이지요. 이렇게 하면 가정이라는 울타리를 벗어나 형성되는 사회적 활동이나 작용도 그려볼 수 있습니다.

인연 관계

여기서는 육친에 어떤 관계가 있는지만 보고 지나가도 됩니다.

육친을 낱낱히 파헤치는 과정이 따로 마련돼 있습니다.

인성 - 어머니, 나를 도와주는 윗사람

비겁 - 형제, 동료, 친구

식상 - 여자에게는 자식

재성 - 아버지, 남자에게 아내

관성 - 남자에게 자식, 여자에게는 남편

입출력 관계

컴퓨터 시스템은 본체와 입출력 장치를 갖추고 있지요. 당연히 재순환(feedback, recirculation) 과정이 필요하고요. 다음은 네 단계가 표현된 아주 간단한 시스템 모형도입니다.

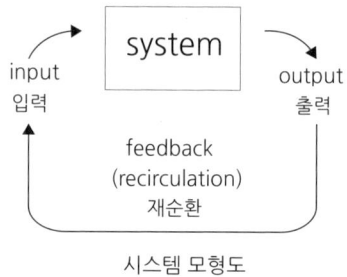

시스템 모형도

이 시스템 모형도에 육친 관계를 대입할 것입니다.

육친을 설명하면서 왜 단계는 넷뿐인가 싶으시죠? 본체, 즉 시스템에 함께 배치되는 요소가 있기 때문입니다.

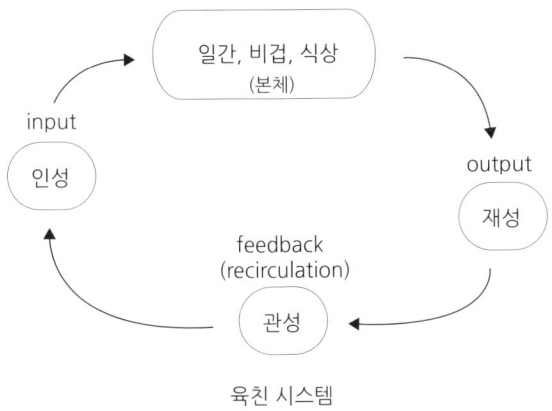

육친 시스템

육친 시스템입니다. 일간과 비겁, 식상을 하나로 묶어 본체의 작용으로 보았습니다. 지금은 뭐가 뭔지 모르겠지요? 조금만 기다려보세요.

첫째, 정보를 받아들이는 입력(input)은 사전에 준비하는 과정입니다. 일간이 배우고 익히는 단계로 인성에 해당합니다.

둘째, 일간과 비겁, 식상으로 이루어진 본체는 일간과 좀 더 긴밀한 관계에 있습니다. 일간을 중심으로 일어나는 생산 활동입니다.

셋째, 출력은 본체가 생산한 것을 시장(재성)에 내다 팔아 수익을 내는 과정입니다. 2차적 생산인 셈입니다. 여기에는 일간이 능력을 갖추어 자신을 필요로 하는 곳으로부터 부름을 받는 과정도 포함돼 있습니다.

넷째, 피드백은 일간의 활동을 평가하는 과정입니다. 관성에 해당하지요. 이것은 일간이 자신을 좀 더 객관적으로 바라볼 수 있는 단계입니다. 일간이 관성의 시선을 갖게 되면 공동체를 이해할 수 있는 능력이 생깁니다. 이 피드백은 다시 입력 과정으로 연결됩니다. 사실 피드백이라는 말 속에 이미 출력의 결과가 입력을 변화시킨다는 의미가 포함돼 있습니다. 우리가 어떤 행동을 하고 나서 그 결과를 보고 다음번에는 좀 더 다른 행동을 하게 되는 것도 일종의 피드백이지요.

가깝고 먼 관계거리

한 사람을 이해하려면 그 사람을 중심으로 밀접한 관계를 이루는 대상과 그렇지 못한 대상을 모두 파악해야 하겠지요. 육친도 마찬가지입니다. 일간과 가까운 관계가 있고, 한 단계 건너서 작용하는 먼 관계가 있습니다. 가깝게 붙어 있으면 상생하는 관계이고 한 단계 건너 있으면 상극관계입니다.

다음은 일간을 중심으로 발생하는 관계거리를 도형[16]으로 나타낸 것입니다.

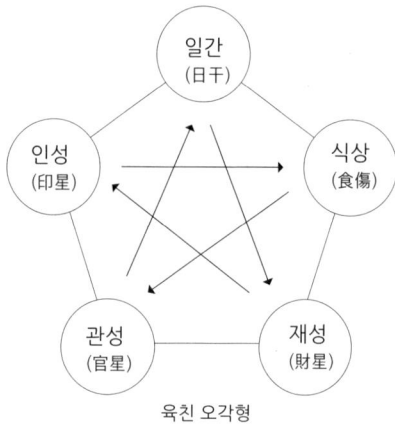

육친 오각형

---

16 비겁은 일간과 같은 오행이라 따로 구분하지 않았습니다. 그래서 모형도 육각형이 아닌 오각형입니다. 화살표는 상극관계를 의미합니다.

일간에서 오른쪽 방향으로, 오행상생의 순서로 육친을 배치합니다. 그럼 각각의 요소가 일간과 내밀한 관계에 있는지, 멀고 소원한 관계가 되는지 알 수 있습니다.

일간을 중심으로 발생하는 육친의 거리는 크게 두 가지입니다. 하나는 일간의 바로 앞뒤에 위치해 일간과 직접 접촉이 가능한 근접近接오행으로, 인성과 식상이 있습니다. 다른 하나는 일간과 붙어 있지 않고 한 단계 건너 존재하는 원격遠隔오행으로 재성과 관성이 있습니다.

인성 - 일간을 지지해주는 근접오행

인성은 정신 및 물적 자원을 투입해 일간을 북돋워 줍니다. 일간은 인성의 도움으로 가정에서는 부모의 보호를 받고 사회에서는 앞선 세대로부터 학문과 지식을 배웁니다.

일간과 비겁

일간은 개인의 정체성이 형성되는 단계입니다. 느끼고 생각하고 결심하는 마음의 중추입니다. 비겁(비견과 겁재)은 일간과 성분이 같은 오행이지요. 동질감을 느낄 수 있어 일간의 정체성이 강화되는 측면도 있지만 경쟁이나 분쟁의 소지도 있습니다.

식상 - 일간의 개성을 드러내는 근접오행

말과 행동, 사적 활동, 개인적 성향이나 기질을 드러냅니다. 일간의 취향, 감각이나 감성, 내밀한 특성들이 노출되는 것이지요.

일간에게 식상과 인성은 같은 근접오행이지만 그 둘의 양상은 아주 다릅니다. 인성은 이미 있는 기운이나 윗사람을 뜻하니 일간의 태도 또한 수동적입니다. 식상은 일간의 의사가 적극적으로 표출되는 것이니 보다 능동적이고 자발적입니다.

재성 - 1차 원격오행(output)

재성은 일간의 욕망을 불러일으키는 대상입니다. 인성의 후원을 받은 일간은 식상의 기술과 노력까지 더해 재성을 지배하려 합니다. 재성은 일간이 사회에서 구축해나가는 활동과 역량을 의미합니다.

관성 - 2차 원격오행

본체를 벗어나 만나는 외부 환경은 일간이 욕망하는 재성도 있지만 일간을 욕망의 대상으로 여기는 관성도 있습니다. 관성은 재성에서 한 번 더 나아간 단계로 일간을 제어하고 통제합니다.

관성의 제어는 일간을 위해서도 필요합니다. 관성이 있어야 일간은 다양한 관계의 세계를 경험할 수 있답니다. 관성이 없으면 자신의 욕구만 생각하게 되니 객관적 시각을 갖기 어렵습니다.

관계거리에서 나오는 육친 오각형을 살피고 나니, 앞에서 보았던 육친 시스템 모형이 조금은 이해되지 않나요? 잘 모르겠다고요?

그럴 겁니다. 아직은 본격적인 육친 탐구를 하지 않았으니까요. 지금까지는 준비운동만 했습니다. 이제 육친을 파헤칠 순서입니다.

육친에서는 먼저 각 요소들이 상생하는 관계인지 상극하는 관계인지를 아는 것이 중요합니다. 또 일간과 가까이 있는 근접오행인지, 아니면 조금 멀어진 원격오행인지 구분해야 합니다. 이 점을 기억하면서 '관계의 바다' 육친에 빠져 봅시다.

육친六親, 관계의 바다에 빠지다

인성印星, 나(일간)를 후원해주는 든든한 지지자

관계 : 어머니, 윗사람, 선배

작용 : 일간을 보호하고 지원하는 배후의 힘

기존 지식을 익히고 학습하는 능력

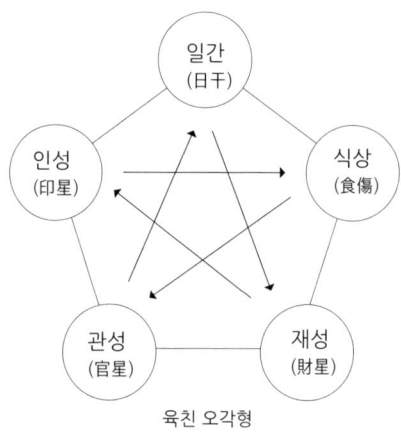

육친 오각형

　육친 오각형에서 바로 옆에 있는 요소들은 상생하는 관계입니다. 한 단계 건너 있으면 상극관계를 만듭니다. 일간이 갑목이라면 壬癸수가 인성입니다. 인성은 일간을 도우는 기운이지요? 위치도 일간의 바로 뒤에 있군요. 근접오행에 해당합니다.

인성이란 말에는 어떤 의미가 함축돼 있을까요?

인印은 도장을 의미합니다. 일간을 후원해주는 인성은 일간보다 한 단계 먼저 있었던 오행입니다. 일간이 태어나기 전부터 있던 환경이지요. 그런 인성이 일간을 상생한다는 것은 인성이 누리던 권리와 몫을 일간에게 지원해 준다는 의미가 들어있겠군요. 제 아무리 뛰어난 자질과 능력을 타고 난 사람이라 해도 어린 시절에는 보호와 보살핌이 필요합니다. 그럴 때 일간을 양육하고 교육할 후원 세력이 낳아준 부모가 되는 것은 무척 자연스럽습니다.

가정에서는 인성 역할을 어머니가 수행합니다만 한 사람이 온전히 성장하고 성숙되기 위해서는 도우는 기운이 가정으로 끝나면 안 되겠지요. 사회에서도 제도와 조직을 갖추어 인성 역할을 하고 있습니다.

일간이 태어나 자라는 시기에 인성은 가장 필요한 오행입니다. 사주에 인성이 있다면 성장하는 동안 부모의 도움과 보호를 받습니다. 사회에 나가서는 연장자의 보살핌도 이어질 것입니다.

여기서 잠시 생각해볼 것이 있습니다. 인성은 일간을 보호해주는 육친이지요. 아이를 양육할 때는 어머니가 아이와 좀 더 많은 시간을 보내기는 합니다만, 아버지도 함께 거듭니다. 그러면 아버지도 인성이라고 해야 할까요? 아니면 인성은 어머니에 한정해야 할까요?

이런 고민은 옛사람들도 했습니다. 처음에는 아버지와 어머니를 함께 인성으로 보았습니다. 또 아버지는 편인, 어머니는 정인으로 주장한 명리학자도 있었습니다. 그렇게 되면 인성 역할을 부모가 나누어 갖는 것이니 그럴 듯해 보입니다만 육친 관계에 모순이 발생합니다. 부부는 처음에는 상극의 관계로 만나지만 시간이 흐르면서 상극관계를 극복하고 서로 협조하며 음양의 조화를 이루어냅니다. 아버지를 편인, 어머니를 정인으로 해버리면 육친의 본질에서도 벗어나고 오행의 순환에도 어긋납니다.

아이는 태어나기 전에 이미 10개월 가까이 모태에서 지냈지요. 출산 후에도 어린 생명을 가까이서 보살피는 일은 어머니가 주로 맡습니다. 아이가 자라는 동안에는 아무래도 어머니와 밀착될 수밖에 없습니다. 그럼 아버지는 육친에서 어떤 자리를 차지할까요? 바로 재성財星입니다. 재성을 다루는 장에서 자세히 다루겠지만 일간과 재성의 관계는 여기서 미리 언급하는 것이 좋겠습니다.

재성은 일간이 상극하는 오행입니다. 육친을 처음 대하는 분들은 아버지를 나타내는 재성을 일간이 상극한다는 것이 생소할 겁니다. 도덕이나 윤리를 강조하는 유교적 사고에 익숙한 사람이라면 더욱 그렇고요.

순환에는 상생만 있지 않습니다. 우주 전체 변화에서 보자면 상극도 꼭 필요한 순환입니다. 상생은 수축하는 순환이고 상극은 팽창하는 순환이지요. 재성은 일간에게 상극을 당하는 것이라기보다 일간의 활동을 보장해주는 것으로 이해하면 좋습니다. 즉 어릴 때의 일간은 사회에서 재성의 활동을 할 수 없습니다. 어린 자식이 먹이를 직접 구하지 못하니 아버지를 자신의 대리자로 세상에 내 보냅니다. 아버지가 가정을 벗어나 세상에 나가는 건 돈을 벌어오기 위해서죠. 그래야 어린 자식은 영양이 충분한 음식을 먹고 무럭무럭 잘 자랄 수 있고요.

재성은 일간 대신 아버지가 대리자로 세상에 먼저 나와서 일간의 활동을 개척하는 작용으로 생각할 수 있답니다. 재성은 재성 편에서 다루기로 하고 다시 인성으로 돌아갑시다. 인성의 작용을 살펴보지요.

인성의 순기능

    a) 인성이 있으면 성격이 온순하고 참을성이 있습니다.

    b) 학습 능력이 뛰어납니다.

    c) 도덕과 윤리를 중요하게 생각하고 명예를 소중히 여깁니다.

    d) 조직이나 윗사람과 불화를 일으키지 않고 원만하게 지냅니다.

중요한 인성이지만 너무 많이 있으면 문제를 유발합니다. 무엇이든 균형을 벗어나면 역기능이 발생합니다. 명식에 인성만 가득하면 이미 있는 환경이나 조건에 자꾸 의지하려 듭니다. 기득권이 주는 혜택에서 벗어나 새로운 발상을 하기 어렵습니다. 창조적 능력도 기대할 수 없습니다.

인성의 역기능

    a) 생각은 많지만 행동으로 옮기는 능력은 부족합니다.

    b) 선배나 어른, 스승에게는 신경을 쓰지만 후배나 동료, 아랫사람은 잘 챙겨주지 못합니다.

육친은 많은 것도 문제고 적은 것도 고민입니다.

사주에 인성이 아예 없거나 부족하면 어떨까요?

인생의 출발부터 문제가 생기겠지요. 이것은 기초공사를 제대로 하지 못한 건물이 비바람 을 견디기 어려운 것과 마찬가지랍니다. 순기능에서 살펴보았던 작용을 아예 기대할 수 없을 테니까요. 주변의 도움이나 보호 없이 성장해야 한다고 생각해보세요. 얼마나 고단하겠습니까? 끈기도 부족하고 배움의 기회도 잘 마련되지 않겠지요. 그러다 보면 학습능력이 부족하다는 소리도 듣고 친구들과의 관계도 원만하기 어렵습니다.

인성과 직업

인성은 제도화된 교육과 관련이 많습니다. 졸업증서나 자격증을 취득하는 경우가 많지요. 몸을 움직이는 활동보다는 지식을 이용한 직업을 갖습니다. 신분을 보장받는 공무원이 되거나 전문자격증을 필요로 하는 곳에서 역량을 발휘합니다.

명리학자들 중에는 운명을 감정할 때 정인과 편인을 구분해 적용하기도 합니다. 정인은 인문계열의 학문을 주로 하고 편인은 자연계열이나 실용성이 강한 기술을 공부한다고 해석하는 것이지요. 이 책에서는 정과 편을 나누지 않기로 했습니다. 이유는 앞에서 말씀드렸지요.

인성에 의지해 살아가는 운명

인성이 중요한 역할을 하는 명식(사주, 명)을 살펴보겠습니다. 월간에 인성이 들어 있네요.

시	일	월	연[17]
乙	甲	癸	丙
丑	申	巳	午
木	木	水	火
土	金	火	火
비겁	일간	인성	식상
재성	관성	식상	식상

연과 월에 불이 많네요. 열기가 많은 여름에 태어난 甲목입니다. 다행히 월에 인성 水가 있고 시에 축축한 丑토가 보이는군요. 12지에서 설명하였듯 축토는 金水를 담고 있습니다. 어머니의 각별한 보호와 탄탄한 지원 덕에 유학 생활을 오래 했습니다. 현재 국립대학교에서 교수로 재직하고 있습니다.

---

17 명식은 오른쪽에서 왼쪽으로 읽어나갑니다. 그래서 년이 아니고 연으로 표기했습니다.

비겁比劫, 협력하는 동지 & 방해하는 경쟁자

관계 : 형제, 자매, 친구, 동료, 경쟁자, 방해자

작용 : 주체성의 확립, 확고한 자립성

협력과 경쟁을 배운다.

비겁은 일간과 오행이 같습니다.

비겁이 있으면 일간의 주체성이나 의지가 강합니다. 형제자매의 우애도 깊습니다. 친구에 대한 우정에 가치를 두며 자신이 속한 공동체에도 애정을 갖습니다.

비겁은 인성과의 균형이 중요합니다. 인성이 부족한데 비겁만 지나치게 많으면 문제가 발생합니다. 부모의 사랑을 받지 못해 늘 외로움을 느끼고 정에 굶주려 있다고 생각해봅시다. 그래서 친구들과의 정을 소중히 여겨 자신의 마음을 친구에게 온통 쏟아 붓습니다. 그렇지만 돈독한 우정을 느끼기는커녕 배반감만 맛봅니다. 이렇게 되면 비겁이 자아정체성을 확고하게 만드는 것이 아니라 심리적 타격만 안겨줍니다. 인성이 부족하니 예의를 갖추기도 어렵고 성격도 난폭해지기 쉽습니다. 형제나 친구, 동료들과 원만한 관계를 이어갈 수 없습니다. 거기에 경제적 여건까지 열악하다면 일간이 원하지 않는데도 경쟁할 일만 잔뜩 생깁니다.

여기서 비겁과 돈의 관계를 한 번 따져보고 갑시다.

비겁은 재성을 상극합니다. 비겁이 많은 사람은 소유에 대한 의식이 별로 없습니다. 그렇다 보니 재성에 대한 계산을 잘 못 합니다. 비겁이 많은 사람은 친구들을 만난 자리에서도 자존심 때문에 먼저 돈을 지불하는 경우가 많습니다. 벗들에게는 사람 좋다는 소리를 들을 수 있겠지만, 식구들은 속이 터지겠지요. 가끔은 빚보증을 서서 재산을 날리기도 합니다.

그럼 비겁은 아예 필요 없는 육친일까요? 그렇지는 않습니다. 일간이 약할 경우는 비겁이 중요한 역할을 합니다. 일간이 줏대 없이 이리저리 흔들릴 때 비겁이 나서서 바로잡아줍니다. 일간이 약한데 비겁의 도움마저 없다면 정체성도 부족하고 자신감도 부족해 무슨 일을 제대로 해나가기 어렵습니다. 육친의 요소 중 그 어떤 것도 그 자체로 좋거나 나쁜 것은 없습니다. 중요한 것은 명식 안에서의 조화와 균형입니다.

비겁의 순기능

    a) 자존심을 지키고 주체성을 갖습니다.

    b) 삶에 대한 의지가 샘솟고 동료를 각별히 여깁니다.

비겁이 많을 때의 역기능

    a) 생각이 유연하지 못하고 갇힌 사고를 하기 쉽습니다.

    b) 성향이 다른 대상을 이해하기 어렵습니다.

    c) 자기중심적인 판단을 하기 쉽고 눈앞의 일에만 급급해 하는 측면이 있습니다.

    d) 경제관념이 희박합니다.

비겁과 직업

대체로 직업은 뒤에 설명할 식상, 재성, 관성이 어떻게 작용하는가에 따라 결정됩니다. 다만 비겁이 많으면 일간과 생각이나 기질이 비슷한 부류들과 일을 하는 경우가 많습니다.

비겁이 많으면 직업을 구할 때도 경쟁을 많이 해야 할 것 같지요? 경쟁자들이 나의 자리를 가로챌 수도 있고요. 그런 측면이 아주 없지는 않지요. 사주에 비겁이 있다면 나와 비슷한 부류들이 내 옆에서 영향력을 행사하는 모습입니다. 같은 무리가 여럿이 있는 장면을 한 번 떠올려볼까요? 형제가 많으면 먹고 마실 때 서로 많이 차지하겠다고 다툴 수 있습니다. 친구나 동료도 같은 목적을 향해 달릴 때는 긴장관계를 형성하지요.

그럼 비겁이 많은 사람은 일생 직업 없이 살아야할까요?

그렇지 않습니다. 비슷한 사람들이 모여 있지만 균형과 질서를 갖춘 조직을 선택하면 됩니다. 같은 목적을 위해 일사불란하게 움직이는 집단(경찰, 군대, 소방서, 스포츠 팀 등)에서 능력을 발휘하는 사람들은 대체로 비겁 기운이 강합니다. 그렇게 생각하면 비겁은 직업을 결정하는 직접적 요인은 아니지만 영향을 미치는 간접적 요소인 것은 분명하군요.

비겁이 위력을 발휘한 운명

비겁이 강한 명식을 살펴봅시다.

대통령을 했던 분입니다. 관성이 약하고 재성도 부족한데 비겁으로만 균형과 질서를 이루었다는 것이 흥미롭습니다.

시	일	월	연
甲	己	乙	戊
戌	未	丑	辰
木	土	木	土
土	土	土	土
관성	일간	관성	비겁
비겁	비겁	비겁	비겁

　일간이 土인데 비겁이 무려 다섯 개나 됩니다. 넓은 땅으로만 된 명식으로 대통령이 되었다는 것이 잘 이해되지는 않습니다. 토의 속성 중에는 다른 4행을 수용하는 후덕함이 있었지요. 이 명식의 독특함은 辰未戌丑의 토를 완벽하게 갖추었다는 점입니다. 辰未戌丑이라는 12지가 사방으로 고루 펼쳐져 있어 木火金水를 포용하는 능력이 있습니다. 오행을 연구하는 사람들에게 좋은 자료가 되는 명식입니다.

식상食傷, 속마음을 표현하는 나의 분신

관계 : 아랫사람, 제자
　　　　남자에게는 처갓집 식구, 여자에게는 자식
작용 : 일상의 욕구, 삶의 방식, 재능, 소질, 개인적 활동이나 성향
관건 : 뛰어난 재능은 인성의 덕일까? 식상의 작용일까?

　식상은 일간이 상생하는 육친입니다. 일간을 가장 잘 이해하는 기운이지요. 일간의 느낌을 곧바로 분출하기 때문에 독창적인 표현이 가능합니다. 식상이 있으면 보통 총명하고 재주가 뛰어나다는 소리를 듣습니다. 그럼 어떤 학생이 공부를 잘 해서 좋은 성적을 받고 명문대학에 진학했다면 그 학생은 식상이 뛰어났던 걸까요?

　공부라는 건 단시간에 해치울 수 있는 게 아니지요. 학생이 공부하는 것은 인내심을 가지고 기존의 지식을 흡수하는 과정입니다. 그것은 인성에 속하는 능력입니다. 식상은 개인적 기질에서 나오는 개성과 재능입니다. 창조적 발상을 하기 때문에 고집이 강합니다. 외부의 충고를 잘 받아들이지 않습니다. 자신이 원하지 않는 일이거나 자신의 성향과 다를 경우, 곧바로 거부감을 드러냅니다. 식상이란 기운은 일간에서 가장 가까운 오행이기에 자신의 기분에 따라 표현되는 작용입니다. 감정을 걸러낼 수 있는 장치가 따로 없습니다.

　식상은 정편으로 구분하면 식신과 상관이 나오지요. 상관傷官이란 용어는 관성官星에 흠집을 낸다는 의미가 들어있습니다. 옛사람들은 육친 중에

서도 관성과 인성을 무척 중요하게 여겼습니다. 그러니 재능을 발휘한다는 좋은 뜻이 있다 하더라도 관성에 맞서는 건 썩 좋게 생각하지 않았겠지요. 물론 요즘은 분위기가 많이 달라졌습니다. 식상이 있으면 예술가적 기질을 타고났다는 평을 듣습니다.

학습하기에 가장 좋은 조건은 인성과 식상이 적절히 배치돼 조화를 이루는 것이지만 실제 사주를 보면 어느 한 쪽으로 치우친 경우가 많습니다. 이럴 때는 인위적으로라도 균형을 갖추려는 노력을 해야 합니다. 인성이 많은 사람은 식상의 능력을 보완해야겠지요. 차분히 앉아 공부만 하지 말고 예체능 활동을 통해 자신에게 부족한 창조성을 채우면 좋습니다. 식상이 많은 사람은 인성의 기운을 호흡해야겠지요. 고전을 읽고 클래식 음악을 들으며 마음을 가라앉히는 훈련을 병행하면 식상의 능력이 더욱 세련될 것입니다.

식상의 순기능

  a) 자기감정을 분명하게 드러냅니다.

식상은 일간의 거침없는 표현에서 나옵니다. 식상은 육친 중에서 일간이 가장 편하게 느끼는 요소입니다. 손발을 직접 움직이는 능력입니다. 주변을 의식하지 않고 하는 말이나 행동입니다.

  b) 경제활동을 보장해줍니다.

인간의 활동 중에 정말 중요한 것이 돈을 버는 능력이지요.

아직 재성은 살펴보지 않았지만 돈 얘기가 나왔으니 식상과 관련된 내

용은 조금 다루는 것이 좋겠네요.

돈을 많이 벌려면 활동을 많이 하면 될까요? 사람마다 다릅니다. 어떤 사람은 그냥 가만히 앉아 있는데도 돈이 계속 쌓이기도 하고 어떤 사람은 열심히 움직이는데도 오히려 돈이 계속 빠져나갑니다.

육친 관계로 볼 때 식상이 재성을 상생하니 적어도 돈을 버는 행위가 일어나려면 식상이 있어야 합니다. 실제 운명을 보면 식상은 잘 발달되어 있는데 식상이 흘러갈 재성財星이 부실한 경우가 많습니다. 우리들 대부분이 그렇습니다. 이것저것 노력은 많이 하지만 밑천(재성)이 빈약해 장사도 안 되고 사업도 잘 되지 않습니다. 취업도 쉽지 않습니다. 준비를 게을리 한 것도 아닌데 자신을 받아주는 회사가 없습니다.

직장에 다니고 있어도 불안하기는 마찬가지입니다. 언제 정리해고 대상이 될지 모르니까요. 이것은 식상이 상생할 수 있는 재성이 없을 때의 사례입니다. 식상만으로는 불완전한 노동 형태를 띠는 것이지요.

식상과 직업

돈벌이 이야기가 나왔으니 직업에 관한 이야기를 여기서 하는 게 좋겠습니다. 세상에 무수한 직업이 있는 것처럼 돈을 버는 유형도 여러 가지입니다. 자격증으로 직업을 보장받기도 하고 시험을 쳐서 공무원이 되기도 합니다. 직업을 다룰 때는 식상, 재성, 관성을 함께 언급하는 것이 좋습니다.

탄탄한 직업을 가지려면 원격오행 즉 관성과 재성이 일간과 상생관계가 되어야 합니다. 그래야 식상생재(食傷生財, 식상이 재성을 상생), 재생관(財生官, 재성이 관성을 상생), 관인상생(官印相生, 관성이 인성을 상생)이라는 흐름으로 이어집니다.

사주에 세 가지가 고루 들어있기는 무척 어려운 일입니다. 그렇다고 걱정할 필요는 없습니다. 셋 중 어느 한 가지라도 뚜렷하게 나타나 있으면 자신에게 맞는 직업을 갖습니다. 거기에 한두 가지 요소가 가미된다면 안정된 직업을 가질 수 있겠지요.

식상이 재성을 상생 : 식상생재

자신의 몸을 움직여 재물을 이루는 유형입니다. 아랫사람의 마음을 잘 헤아립니다. 주로 물건을 팔고 사는 상업 활동으로 돈을 법니다.

인성이나 관성까지 있으면 큰 기업가로 성장합니다. 식상은 독창성과 창조력을 발휘할 수 있습니다. 그래서 자신만의 기술을 개발해 전문성을 인정받기도 합니다. 이 식상의 기술은 오행의 성질에 따라 문화, 예술, 학술, 음식, 의료, 정보 등 아주 다양하게 전개되겠지요.

재성이 관성을 상생 : 재생관

재물을 다루고 조직을 관리하는 능력을 타고 났습니다.

뛰어난 경영능력으로 조직으로부터 권위를 인정받고 통제력을 행사합니다. 공공기관이나 규모가 큰 회사에서 재무나 자재를 관리합니다.

총체적 제어와 조절을 하는 것이지요.

관성이 인성을 상생 : 관인상생

지적인 업무를 맡거나 결재권을 확보하는 능력입니다.

지식과 정보가 중요한 곳에서 활동합니다. 이미 있는 기관이나 조직, 윗사람의 도움, 인맥과 관련이 있습니다. 학자나 교수가 돼 학문을 연구하거나 문서와 관계가 많은 행정기관의 공무원으로 활동합니다.

식상이 없다면 어떤 불편을 느낄까요?

식상은 일간의 근접오행입니다. 식상이 없다면 인식의 주체인 일간의 앞이 가로막혀 있는 것과 같습니다. 자기 주변을 잘 인지하기 어렵습니다. 표현도 잘 안 되니 외부와의 소통도 원활하지 않습니다. 관찰력도 떨어지고 부주의해지기 쉽습니다.

식상은 일간과 분리될 수 없을 만큼 긴밀한 것입니다. 식상이 없는 사람은 식상이 잘 갖추어진 사람에 비해 욕구를 표현할 때도 애로를 겪고 먹고 마시는 일상 활동에서도 어려움을 느낍니다. 먹고 마시는 행위나 기쁘고 슬픈 정서를 표현하는 일의 중요성은 언급할 필요조차 없지요. 그것이 생각만큼 원활하지 않다면 얼마나 답답할까요?

식상의 역기능

a) 자기고집만 부리고 주변과 화합하기 어렵습니다.

b) 견해가 다르면 부모나 윗사람과도 자주 충돌합니다.

c) 조직에서 화합하지 못하고 겉도는 경향이 있습니다.

식상은 일간에게 꼭 필요한 육친입니다. 그러나 지나치면 문제를 유발합니다. 사주에 관성과 인성은 부족한데 식상만 가득하면 어떨까요? 원래는 일간이 느끼는 불편을 해소해주는 고마운 식상이지만 과도하면 일간의 품격을 떨어뜨리는 역할을 합니다.

식상을 반기는 운명

시	일	월	연
丙	甲	丁	己
寅	寅	丑	卯
火	木	火	土
木	木	土	木
식상	일간	식상	재성
비겁	비겁	재성	비겁

식상의 역할이 중요한 운명입니다.

목 일간이 비겁이 많아 자존감도 강하고 의지도 대단합니다. 섣달에 태어났으니 인성인 水보다 火가 절실하겠네요. 따뜻한 태양 丙화와 난롯불 丁화는 식상입니다. 위의 운명은 水 인성보다 나무의 성장활동을 이끌어줄 식상이 더욱 필요합니다. 거기에 재성 己丑 토가 있어 식상생재로 이어집니다. 관성인 金이 약해서 공직으로는 나가지 않고 화학약품을 취급하는 기업에서 영업부서를 이끌었습니다.

재성財星, 미지의 세계, 원더풀 라이프

관계 : 남성 (아버지, 아내)
　　　여성 (아버지, 시어머니, 시댁의 분위기, 시댁식구와의 관계)
작용 : 직장에서의 활동, 경제 활동의 목표, 여러 형태의 재산
관건 : 재성이 많으면 재물을 쌓아놓고 살까?

재성은 식상의 활동 범위가 사회로 나아간 것입니다. 이렇게만 얘기하면 너무 막연해서 흔히 재성을 돈과 아내로 표현합니다.

재성은 일간에서 볼 때 식상보다는 거리가 멉니다. 원격오행이지요. 식상은 일간의 바로 옆에 있어 쉽게 손이 닿을 수 있는 관계지만 재성은 한 단계 떨어져 있으니 그만큼 더 분석하고 노력을 해야 파악할 수 있는 관계입니다. 일간이 재성과 문제 없이 지내려면 재성을 꼼꼼하게 살피고 깊이 연구해서 관계를 긴밀하게 다져놓아야 합니다. 아무런 대책 없이 그저 다가가면 재성은 일간을 반기지 않습니다. 재성의 입장에서는 자신을 이해할 수 있는 능력을 일간이 먼저 갖추고 난 다음 자신에게 손길을 건네기를 원합니다.

인성은 일간이 태어나기 전부터 있던 환경이라서 일간이 특별한 노력을 하지 않아도 관계를 맺을 수 있습니다. 재성은 일간이 준비를 단단히 해야 닿을 수 있는 목표물입니다.

재성은 일간과 다른 속성을 가진 오행입니다. 반대쪽 특성의 오행이라 더욱 끌립니다. 우리도 누가 마음에 들면 그 사람과 교류하기 위해 미리 상대의 기호나 욕구를 파악하고 준비를 하잖아요? 일간과 재성의 관계도 꼭 같습니다.

재성은 내가 사랑하는 사람, 내가 소중하게 여기는 관계입니다. 기질과 성향이 다르지만 호기심을 유발하는 대상이기도 합니다. 또 내가 차지하고픈 지위나 자리, 획득하고 싶은 명성, 극복해야 할 상대이기도 합니다. 한마디로 얘기하면 일간이 만나게 될 미지의 세계입니다.

식상은 일간의 생존을 위해 꼭 필요한 육친이라면 재성은 인생을 재미있고 유쾌하게 만들어주는 육친인 셈입니다. 원더풀 라이프를 선사하는 것입니다.

재성의 순기능

a) 일간의 경제 활동을 보장해줍니다.

명식에 재성이 없다면 일간을 불러주는 곳이 많지 않습니다. 활동할 공간이 쉽게 확보되지 않는 것이지요. 동물들도 자신의 활동영역을 표시하고 세력을 과시하는 행위를 합니다. 재성의 영역을 표시하는 것이지요. 동물에게도 육친을 적용해본다면 행동이 비교적 자유로운 맹수들은 재성이 발달돼 있겠군요. 반면 인간에게 예속돼 좁은 공간에 갇혀 사는 가축은 재성이 부족하겠지요.

여기서 잠시 생각해볼 게 있습니다. 사주에 재성이 나와 있기만 하면 좋은 직장도 마련되고 재물도 많이 모으고 살까요? 그렇게만 돌아가면 우리네 인생살이가 좀 수월할 것입니다.

맹수가 초식동물들이 머무는 초원 주변을 어슬렁거리며 자신의 배설물로 영역을 표시해놓았다고 해봅시다. 영역 안에 있는 동물들이 모두 자기의 먹잇감이 되나요? 영역만 설정했을 뿐 목표물을 낚아채려면 다시 엄청난 노력이 필요합니다. 인간의 운명도 비슷합니다. 재성이 있어도 그 재성이 사주 안에서 조화와 균형을 갖추어야합니다.

b) 일간의 파국을 알려주는 경고판 역할을 합니다.

재성을 다루고 있으니 이쯤에서 생각해볼 것이 하나 있습니다.

인간은 왜 자신의 운명을 알아야 할까요?

자신이 어떤 사람인지 알기 위해서라고 생각하는 분들이 많을 것입니다. 또 무슨 일을 하고 살아야 하는지, 큰돈은 언제쯤 벌 수 있을지, 얼마나 오래 살 수 있을지 궁금해서 운명을 본다는 사람들도 있을 겁니다.

운명을 알면 한 인간의 욕망을 정확하게 파악할 수 있습니다. 그러니까 드라마나 영화 속의 주인공에게서 나온 욕망 말고 자신의 사주에서 비롯된 진실한 욕망을 이해할 수 있습니다. 매체에서 말하는 욕망은 비슷할 수밖에 없지요. 다르다는 환상은 심어주지만, 계량화된 욕망일 뿐입니다.

계산할 수 있다는 건 측정할 수 있다는 겁니다. 나의 기호가 들어간 욕망이라면 어떻게 시장이 측정할 수 있겠어요?

우리는 모두 다른 운명을 갖고 이 세상에 나옵니다. 그렇다면 욕망도 모두 다를 수밖에 없습니다. 나의 욕망을 알면 내가 할 수 있는 일을 알 수 있습니다. 그러면 나만의 세계를 마련할 수 있지요. 욕구나 욕망은 비난받아야 하는 대상이 아닙니다. 개인의 자아실현과 긴밀하게 연결돼 있으니까요.

우리는 거대자본의 욕망이 치밀하게 작동하는 시대를 살아갑니다. 자신의 욕망이 아닌 매체의 욕망에 휘둘리기 쉽습니다. 이럴 때일수록 자신의 분명한 욕망을 알 필요가 있습니다. 그걸 어찌 알 수 있냐고요? 자신의 운명을 이해하면 됩니다. 언제 잘 되고 언제 나쁜가를 예측하라는 것이 아닙니다. 운명의 구조를 파악하라는 것입니다. 더 정확히 얘기하면 자신의 재성, 자신의 욕망 크기를 이해하라는 것입니다.

육친에서 재성은 자기 욕망을 알아보지 못하고 시장이 부추기는 욕망을 따라가면 인생이 허송세월로 끝날 수 있음을 알려주는 경고판입니다.

c) 공동체 속에서의 책임과 의무를 가르칩니다.

재성은 일간의 원격오행이지요.

일간은 식상을 거쳐 재성까지 나아가야 독립을 맛볼 수 있습니다. 자신을 보호해주는 가정이라는 울타리를 벗어나 바깥 세상의 기운을 경험하는 것이지요. 재성은 사회적 독립을 의미합니다.

맹수의 새끼도 약간의 힘과 기술만 터득하면 어미에게서 떨어져 홀로 살아갑니다. 인간도 그렇습니다. 재성이 작용하면 결혼할 대상을 찾고 부모로부터도 독립하려 합니다. 독립만 하면 그만일까요? 그렇지 않습니다. 독립은 책임과 의무의 세계로 편입된 것을 의미합니다. 권리와 이익이 아주 없는 건 아니지만 짊어져야할 의무가 훨씬 많습니다.

만약 재성이 다른 오행과 균형을 이뤄 안정돼 있으면 누릴 권리가 많겠지요. 그렇더라도 재성은 속성상 누린 것 이상으로 되갚아야할 의무가 있습니다. 공동체 속에서의 사회적 책임이 발생하는 것이지요. 재성은 사회로 확장된 기운이잖아요? 그러니 자신만 괜찮다고 될 문제가 아닙니다. 재성은 일간만큼 힘을 갖지 못한 사회적 약자나 타자까지 살피기를 요구합니다.

재성은 한 인간의 사회적 독립을 확인시켜줌과 동시에 책임과 의무도 가르쳐주는 고마운 육친입니다.

재성의 역기능

a) 일간이 약하면 공격해옵니다.

명식은 여덟 개의 요소가 들어차 있는 건축물입니다. 이 건물에 재성이 너무 많으면 어떨까요? 어차피 자리는 여덟 곳뿐인데 재성 때문에 다른 육친이 배치될 수 없지요. 이 경우는 일간이 재성에 시달립니다. 욕구를 빨리 해결해달라는 것이지요. 먹을 것, 입을 것, 뛰어놀 무대를 마련해달라고 아우성을 칩니다. 이 녀석들은 참고 기다리고 이런 걸 못합니다. 그래서 건물

주인인 일간이 시원찮아 보이면 반란을 일으키지요.

　이런 사주를 재다신약財多身弱이라 합니다. 일간의 역량에 비해 재성이 너무 많으면 재성이 요구하는 것들을 일간이 미처 처리해나갈 수가 없다는 말입니다. 이때의 재성은 재물도 아니고 권리도 아니고 다정한 아내도 아니지요. 저당 잡힌 건물이고 늘어난 부채고 나를 잡아먹으려 드는 무서운 아내일 뿐입니다. 이런 재성은 다스리기도 어렵고 관계 맺기도 어려운 무척 까다로운 대상입니다.

재성이 부담스러운 운명

시	일	월	연
乙	甲	壬	戊
丑	戌	戌	子
木	木	水	土
土	土	土	水
비겁	일간	인성	재성
재성	재성	재성	인성

　甲목에 土가 4개로 재성이 많은 재다신약의 운명입니다. 일간이 나무인

데 시에도 나무가 있군요. 연월에 인성인 子수와 壬수가 있는 걸 보니 어린 시절 어머니의 보호가 대단했을 것 같습니다.

불편한 점은 재성 토가 너무 많다는 것입니다. 일간이 감당해내기 어렵습니다. 더욱 나쁜 것은 건조한 사막 같은 戌토가 월과 일에 겹쳐있다는 거지요. 토를 빼낼 金이 없다 보니 연월에 있는 물을 일시로 흘려보내기가 어렵습니다.

중공업, 건설, 상선, 전자산업을 거쳐 그룹의 부회장과 회장까지 지냈지만 부친의 숙원이었던 대북사업에서 어려움을 겪었습니다. 재성이 사회적인 영역(활동 공간)을 확장해주고는 있습니다만, 그 재성이 메마른 흙으로 옵니다. 물길이 끊어지는 순간, 일간에게는 엄청난 부담이고 짐이 될 수밖에 없습니다.

관성官星, 성찰하고 헤아리고 돌아보는 능력

관계 : 남성에게는 아들·딸, 여성에게는 남편·연인

작용 : 일간을 압박하는 구속이나 제약

   자신을 객관적으로 볼 수 있는 시선

   조직사회에서 자신이 위치한 좌표를 읽고 처신할 수 있는 능력

   욕망을 제어할 수 있는 헤아림의 능력

관건 : 관성은 일간을 감시하는 감독관일까?

   자아실현을 도우는 이상적 파트너일까?

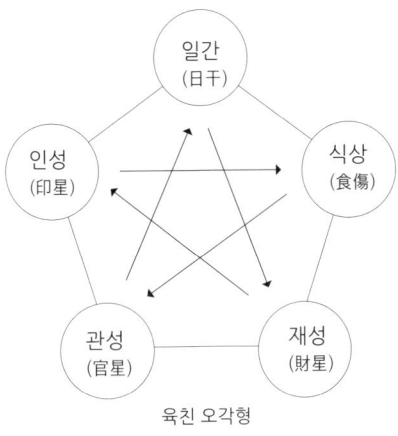

육친 오각형

관성의 위치를 살펴보세요. 일간과 떨어져 있으니 원격오행이군요. 재성과 관성은 같은 원격오행이지만 차이가 있습니다. 재성은 일간이 다스리고 싶은 육친이지만 관성은 일간을 제어 대상으로 여깁니다.

재성은 일간이 다가가서 관계 맺고 싶어 하지만 관성은 일간의 일거수 일투족을 통제하고 간섭합니다. 재성에도 사회적 책임이 깃들어 있습니다만, 그래도 재성은 책임을 느끼기 이전에 누리는 게 있었지요. 권리가 있고 그래서 발생하는 의무였습니다.

관성은 다릅니다. 조직사회에서 자신이 위치한 좌표를 읽고 바르게 처신할 수 있는 능력입니다. 관성은 일간이 자신의 욕구나 아픔에만 골몰해 있지 않고 타자의 관점에서 자신의 욕망을 제어할 수 있는 헤아림입니다. 외부에서 자신을 바라볼 수 있는 공정한 시선입니다.

일간은 관성이 있어야 자신의 사회적 좌표를 객관적으로 인식할 수 있습니다. 조직의 구성원으로서 규율과 규칙을 받아들이고 자신의 몫을 성실히 수행해냅니다. 일간과 관성이 조화를 이루면 원만한 품성을 갖춘 사회적 개인이 됩니다.

이렇게만 설명하면 관성은 이상적이다 못해 고결하기까지 합니다.

균형이 깨어진 관성은 공정하고 합리적인 시각을 갖기 어렵습니다. 타자의 처지를 헤아리고 공감하기보다는 대상을 속이고 약한 객체들을 수탈하고 억압합니다.

일간이 관성과 조화를 이루려면 어떻게 해야 할까요?

관성은 일간을 상극하는 힘이니 인성으로 대처하는 것이 가장 좋습니다. 이것을 관인상생(官印相生)이라 합니다. 식상에서 직업을 설명할 때 등장했던 용어지요.

인성이 있으면 관성은 일간에게 부드럽게 전달됩니다. 관성이 일간을 곧바로 제어하지 않고 인성으로 순화되었기 때문이지요. 통로가 있으면 상극을 상생으로 바꿀 수 있습니다.

만약 일간이 약한데 인성은 없고 관성만 강하면 어떨까요? 관성이 일간을 거칠게 대합니다. 절차나 예의를 지키지 않고 함부로 대합니다.

관성의 순기능

    a) 관성이 잘 배치된 사람은 개인의 욕구보다 사회의 소망이나 기대에 순응하려 합니다.

    b) 규제나 규칙을 지키려 하고 일탈 행위를 잘 하지 않습니다.

    c) 사회적으로 인정을 받고 명예를 얻습니다.

관성의 역기능

    a) 일간의 활동이 위축됩니다.

약한 일간에 관성만 너무 강하면 일간은 매사에 눈치를 보느라 일을 할 수 없습니다. 활동에 제약을 받습니다. 심하면 피해의식까지 생겨 끊임없이 시달립니다. 직장에 다니더라도 과중한 업무로 고생할 수 있습니다.

관성은 일간을 억압하는 힘이니 부자연스럽습니다. 그렇지만 그 힘이 합당한 명분으로 일간을 지배해 오면 어느 정도는 감내해야 합니다. 그렇게 하는 것이 일간에게도 유익하기 때문이지요. 만약 그럴 수 없는 운명으로 태어나면 정상적인 사회생활을 하기 어렵습니다.

자신을 성찰할 수 있는 객관적 시선도 균형이 흐트러지면 소용이 없습니다. 조화가 깨진 육친은 모두 다 문제를 일으키지만 특히 관성의 경우는 귀천貴賤의 양극단을 오갑니다. 존귀하게 대접받으며 품위를 지킬 수 있게 도와주는 부드럽고 온화한 관성과, 과도한 압박감으로 정신분열을 일으키게 만드는 원수 같은 관성을 상상해보기 바랍니다.

관성과 직업

명분이나 명예를 중시하는 관성은 돈을 직접 벌어들이는 능력에서는 좀 밀립니다. 돈을 버는 것보다는 돈을 사용하는 것과 연관이 있습니다. 그렇다고 무턱대고 재물을 소비하지는 않습니다. 관성이 적절하게만 작용하면 돈을 쓰면서도 재물을 보호합니다. 정부기관에서 하는 여러 단계의 일은 국가 차원의 관성이 작동하는 것입니다. 창출되는 효용이 훨씬 클 것이라는 판단에서 엄청난 비용을 들여 일을 진행하는 것이겠지요.

관성을 타고난 사람은 요건을 갖추어 시험을 치르고 공무원이 되는 경우가 많습니다. 행정, 법, 교육 쪽에서 주로 활동합니다.

관성이 귀중한 운명

관성의 역할이 중요한 사주를 살펴봅시다.

시	일	월	연
辛	辛	庚	丁
卯	酉	戌	未

金	金	金	火
木	金	土	土

비겁 (일간) 비겁 관성

재성 비겁 인성 인성

비겁이 너무 많습니다. 고집이 지나치게 강하겠군요. 이럴 때는 비겁을 다스려주는 丁화가 고마운 관성입니다. 관성이 金을 억제해 木을 보호하고 있습니다. 이 사주에 관성이 없다면 일간은 직업도 없이 친구들과 몰려다니며 말썽만 부렸을 것입니다.

4부 | 운명을 살다

운명으로 들어가다

운명을 결정하는 양자파동

태양계에서 생성되는 양자파동은 두 가지입니다.

하나는 공전에서 나온 연年의 축이고 다른 하나는 자전에서 비롯된 일日의 축이지요. 연과 일의 두 기본 축[18]에서 생성된 양자파동이 인간의 운명을 결정합니다.

연은 큰 파동, 일은 작은 파동입니다. 큰 파동은 외부가 되고 작은 파동은 내부가 됩니다. 즉 연의 기운이 일의 기운을 넓은 영역에서 둘러쌉니다. 자전에서 생성된 일의 작은 파동이 연의 큰 파동 내에서 굴러가는 것이지요. 이 과정에서 대운이 등장합니다.

---

18 사주는 연월일시라는 네 기둥으로 구성되는데 왜 축이 둘이라고 하는지 의아해하는 분이 계시지요? 연이 결정되면 월은 연에 구속됩니다. 일도 마찬가지입니다. 일이 정해지면 시는 일에 의해 좌우됩니다. 왜 그런지는 좀 있다 사주를 풀어보면 금방 알 수 있습니다.

대운大運. 人生의 사계절

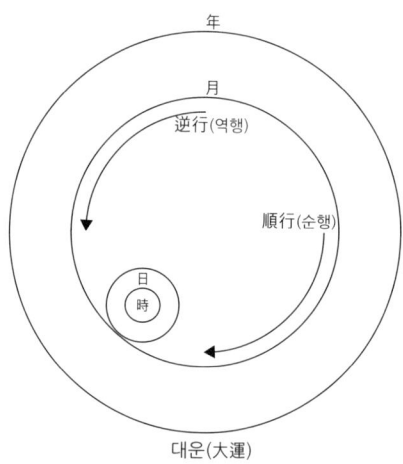

대운은 일주가 향하는 시간입니다. 일간이 걸어가는 인생길입니다.

일의 파동은 연의 파동 안에서 월의 영향에 의해 좌로 혹은 우로 흐릅니다. 출생하는 사람이 남자인지 여자인지, 또 태어나는 해의 연간이 음인지 양인지에 따라 오른쪽 혹은 왼쪽으로 진행합니다.

연이라는 전체 양자파동이 결정되면 계절을 결정하는 열 두 달이 발생합니다. 여기서 월의 방향을 따라 하루하루 굴러가는 것이 일시의 파동이지요. 그래서 우리는 1년에 대략 360(정확하게는 365.245)일을 바퀴처럼 돌며 계절의 변화를 경험합니다.

12지에서 언급한 내용이지만 다시 떠올려봅시다. 지장간에서 가장 중요한 정기는 한 계절의 주인이 되어 왕성한 역할을 해내지요. 반드시 그 직전 계절에 태어나 성장해야 하고 자신의 계절이 끝나고 오는 다음 계절이면 땅속에 묻혔습니다.

끊임없이 계속되는 운명 농사

운명의 틀에서 보면 사람도 한 평생 동안 대운이 흐르는 방향을 따라 봄여름가을겨울이라는 순환주기를 만나는 것입니다. 우리의 일생도 1년의 농사에 비유할 수 있습니다.

조상이 지어놓은 농사가 부모에게 이어지고 나를 거쳐 다시 자식에게 영향을 미치는 것이지요. 사주라는 농사, 운명이라는 농법은 4대에 걸쳐 전개되며 끊임없이 되돌아오는 순환성이 있습니다. 이 농사는 내가 죽는다고 끝나는 것이 아닙니다. 자식으로 이어지고 자식의 자식으로 이어지면서 운명 농사는 계속 연결됩니다.

일간은 연월에서 이어져 온 농사를 정성을 들여 경작한 다음 다시 자식에게 승계해야 합니다. 이것은 일간이 매 순간 최선을 다해 삶을 풀어 가야 한다는 말입니다. 내 인생이니 내 마음대로 살겠다는 얘기가 나올 수 없습니다. 살펴본 것처럼 일간만의 인생이 아니잖아요? 일간이 허송세월하면 4대에 걸쳐 순환되는 운명이라는 농사도 흔들립니다.

이제 봄여름가을겨울로 전개되는 대운을 적용해볼 차례입니다. 운명 농사를 좀 더 이해할 수 있을 겁니다.

대운 뽑기

이제 양력으로 1972년 5월 26일 02시 00분 출생한 남성의 대운을 찾아봅시다.

```
시  일  월  연
辛  丁  乙  壬
丑  巳  巳  子
```

대운

```
壬  辛  庚  己  戊  丁  丙
子  亥  戌  酉  申  未  午
63  53  43  33  23  13  03
```

위 사주의 연과 월은 임자와 을사입니다. 남자가 양간 해에 출생했습니다. 남자가 양간 해에 출생하면 대운은 순행합니다. 여자가 음간 해에 출생한 경우도 대운은 순행합니다. 만약 남자가 음간 해에 출생하면 대운은 역행합니다. 여자가 양간 해에 출생해도 대운은 역행합니다.

이 명식은 양의 기운이 작동하는 해에 태어난 남자이니 대운이 바로 흐릅니다. 이제 순행과 역행이 무슨 말인지 살펴보지요. 이 사람은 을사월에 태어났군요. 대운이 순행한다고 했으니 을사월 뒤에 이어지는 달을 만세력에서 찾아 순서대로 표시하면 이 사람의 대운이 됩니다.

대운에서는 계절의 흐름을 먼저 살펴야 합니다. 이 분은 여름에서 시작해 가을, 겨울, 봄으로 흐르는 대운을 따라 운명이 전개됩니다. 병오 정미의 여름대운이 지나면 무신 기유 경술로 이어지는 가을대운을 만나고 다시 신해 임자 계축으로 흐르는 겨울대운이 이 사주의 대운입니다.

여기서는 대운을 찾는 방법만 살폈습니다. 대운이 명식에 어떻게 적용되는지는 사주를 분석할 때 상세히 설명할 것입니다.

이 세상에는 몇 개의 사주가 존재할까요

2014년 가을에 미국의 인구조사국은 세계인구가 72억을 넘어섰다고 발표했습니다. 엄청난 숫자군요. 그럼 72억이나 되는 사람들 중에서 사주는 몇 개나 나올까요? 설마 72억 개라고 하는 분은 없겠지요?

사주의 종류[19]는 얼마나 될까요?

답은 518,400개입니다. 남자 사주와 여자 사주를 합하면 1,036,800 가지가 나옵니다.

60년×12개월×60일×12개의 시간 = 518,400

태어날 수 있는 연은 60가지가 있지요. 태어날 수 있는 달은 12개고, 날은 연과 마찬가지로 60개입니다. 시간이 24가 아니고 12개가 되는 건 왜 그

---

19 시중에 나와 있는 일부 책(〈나의 운명 사용설명서〉, 〈나는 왜 이렇게 사는가〉)에서는 사주 종류를 12,960,000개(60×60×60×60)로 소개하는데 이것은 명백한 오류입니다. 월은 연에 구속되므로 60이 될 수 없습니다. 만세력에서 2016년을 찾아 월이 몇 개 인지 확인해보세요. 열두 개밖에 없습니다. 시도 일이 확정되고 나서 나오는 것이니 60가지 중에 열두 개로 한정됩니다.

럴까요? 하루는 24시간이지만 사주에서는 두 시간을 하나로 묶어 총 12개의 시간을 적용합니다. 시간에도 12지를 대응시킨 것이지요.

0.000001929의 확률

우리는 518,400개의 사주 중에서 1개를 가지고 이 세상에 나옵니다.

운명이라는 건축물은 마음에 안 든다고 허물고 새로 지을 수 있는 것이 아닙니다. 내가 태어나기 전부터 형성된 기운이 이어져 있기 때문이지요. 더할 나위없는 좋은 운명을 타고났다 하더라도 그냥 누리기만 하면 안 됩니다. 조상의 이력을 들추어보고 부모의 삶을 지켜보면서 혹시 일간인 내가 개입할 것이 있는지 살펴야 합니다. 이 얘기는 선조의 삶이라고, 조상이 닦아놓은 길이라고 무턱대고 발맞춰 가면 안 된다는 것입니다.

일간을 왜 인식의 중추라 하겠습니까? 부모나 조상은 일간에게 영향은 미치지만 결정하고 판단하고 선택하는 주체는 될 수 없습니다. 연월일시에서 가장 활성화된 기운은 일간입니다.

운명과 DNA

이제 연월일시로 형성되는 운명의 코드와 DNA의 관계를 생각해봅시다. 우주는 유전인자 DNA에 생명정보를 기록합니다. 우주의 입장에서 보면 인간의 육체가 하나의 개별 파일인 셈입니다. 우리 몸에 새겨진 그 기록은 음양오행이라는 우주 기운과 상호작용하면서 끊임없이 순환하고 있습니다. 조상에서 부모를 거쳐 나에게 온 유전정보는 다시 자식에게 연결되는 것이지요.

하도낙서와 유전자

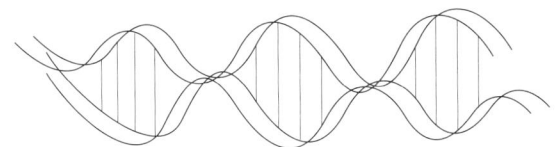

위 그림은 생명 부호인 DNA가 꼬여 있는 모습을 나타낸 것입니다. 이것은 하도낙서에서 목화와 금수가 연결돼 음과 양이 교차하는 것과 원리가 같습니다. 세포 분열에서 중심이 양분되며 반쪽으로 나뉘는 현상에서도 음양의 원리를 확인할 수 있습니다. 수정란의 세포분열도 마찬가지입니다. 2, 4, 8, 16, 32, 64, 128······ 계속 분열하며 각 기관이 생깁니다.

기본 세포생성에서부터 하나의 완전한 몸을 형성하기까지 각각의 단계에 음양의 원리가 작동한 것입니다.

오행과 인체

그럼 우리 몸에서 순환을 책임지는 대표 기관을 오행의 역할과 연결시켜봅시다.

木은 간과 담(쓸개), 근육 및 신경의 활동과 연관이 있습니다.
火는 심장박동을 조절해 혈액순환을 관장합니다.
土는 위장과 담으로 음식을 흡수합니다.
金은 골격, 폐, 콩팥, 대장과 연관이 있습니다. 뼈를 튼튼히 하고 호흡작용을 일으키고 배설작용을 관장합니다.
水는 콩팥, 방광, 자궁이 하는 역할과 깊은 연관이 있습니다.

오행을 고루 갖추지 못하고 태어난다면?

우리가 건강한 몸으로 태어나 큰 병치레를 하지 않고 살아가려면 사주의 연월일시도 순환하는 구조가 되어야 합니다. 여기서 한 가지 생각해볼 게 있습니다. 사주에 水가 없는 사람, 혹은 金이 없는 사람은 인체에 어떤 영향이 있을까요? 사주에 오행이 고루 배치돼 있지 않다고 기관이나 장기가 아예 없는 건 아니지요. 어떤 오행이 없거나 부족하다는 것은 해당하는 인체의 기관이 전혀 작용하지 않는다는 것이 아니라 쉽게 통제될 수 없다는 것입니다. 자신에게 없는 오행의 장기가 활성화되어 있지 않다는 뜻이지요.

火가 없는 사주라면 火를 조정하는 능력이 조금 떨어지고 火가 일으키는 작용에는 능동적으로 대처하기 어렵다는 것입니다. 농사짓기에 비유한다면 날씨가 흐린 날이 많아 강한 햇빛을 기대하기 어려운 상황입니다. 심어놓은 농작물이 아주 잘 자라기는 힘들겠지요. 강렬한 태양 빛을 받고 자란 작물에 비해 경쟁력이 좀 떨어지는 것일 뿐입니다.

이런 경우는 자신에게 없는 오행을 이해하려는 자세가 필요합니다. 부족한 요소의 속성을 파악하고 탐구해야 합니다. 그렇지 않으면 자기에게 없는 오행을 가진 사람의 성정을 헤아릴 수 없습니다. 원만한 사회생활을 하기 어렵겠지요. 우리가 운명을 알아야 하는 것에는 이런 이유도 있답니다. 언제는 좋은 운이고 언제는 나쁜 운인가를 알기 위해서라기보다는 내 운명을 잘 알아야 타인과의 관계도 부드럽게 전개시킬 수 있을 테니까요.

운명의 빗장을 풀다

지금까지 살펴본 내용을 잠시 떠올려봅시다.

처음 출발한 곳은 음양이었습니다. 그 다음은 음양에서 어떻게 오행이 나오는지 탐구했고 다시 10간과 12지를 거쳤습니다. 또 10간과 12지가 결합해 60갑자가 되는 과정을 간략하게 설명했습니다. 이후 네 개의 기둥과 육친 관계, 대운 구성을 살폈습니다. 남은 것은 사주를 어떻게 판단하는지, 운명을 어떻게 분석하는가 하는 것입니다.

앞에서 연월일시, 네 기둥을 만세력에서 확인하는 방법을 간단히만 언급했습니다. 사주의 여덟 가지 요소를 뽑는 것과 대운을 설정하는 것은 이미 아는 분들이 많기 때문입니다. 사주를 처음 접하는 분들은 설명이 좀 부족하다 싶을 것입니다. 그런 분들을 위해 '사주 세우기와 대운 결정하기'를 책 뒤편에 따로 실었습니다. 사주 공부를 처음 하시는 분들은 참고하시기 바랍니다.

만세력은 따로 구입하지 않아도 인터넷 검색을 통해 쉽게 구할 수 있습니다. 요즘은 태어난 연월일시만 입력해도 사주팔자와 대운이 자동으로 계산돼 나오는 프로그램도 무료로 쓸 수 있으니 활용하시기 바랍니다.

이제 지금까지 살펴온 내용을 실제 사주에 적용할 차례입니다. 이 책에서는 기존의 사주 관련 도서들에서 설명하는 운명풀이와는 조금 다른 접근을 시도하겠습니다. 낯설고 어려운 용어는 줄이고 꼭 필요한 개념 위주로 사주를 설명하겠습니다.

그전에 함께 생각해보고 싶은 게 있습니다. 생명체로 태어나면 사주가 있게 마련이지요. 그럼 국가는 어떨까요?

국가도 운명을 가지고 있습니다. 국가를 구성하는 국민들의 운명이 국가의 운명입니다. 우리들 한 사람 한 사람의 운명을 모두 합한 것이 국가의 운명인 셈입니다. 물론 평범한 소시민은 국가라는 운명에 미치는 영향력이 그다지 크지 않습니다. 오히려 영향을 받는 입장이지요. 반면 국가 운명에 직접적으로 개입해 힘을 가할 수 있는 사람들도 있습니다. 그런 사람들의 사주는 국가 운명과 공명하는 부분이 큽니다. 국민이 모여 이룬 국가에 파장을 일으킵니다.

대통령이라는 위치가 그렇지요.

직분을 제대로 수행하지 않을 거라면 가면 안 되는 자리입니다. 공동체의 운명에 끼치는 파장이 너무도 크기 때문에 그 자리에서 내리는 판단과 결정은 두렵고 또 무서운 것입니다.

공인이라고 다 같은 공인이 아닙니다.

이제 대한민국이라는 국가에 영향을 미친 사람들의 운명을 분석해보겠습니다. 국가가 건립되기 전, 어려운 시절에 활동한 사람도 있고 안정된 시기에 활약한 사람도 있습니다. 그들 중 누군가는 대통령이 되었고 누군가는 그 자리에 오르지 못했습니다.

우리가 익히 잘 아는 인물의 운명을 분석할 때는 이력을 이미 알고 있기 때문에 선악의 잣대를 들이대기 쉽습니다. 사주를 냉철하고도 객관적인 시선으로 따져보기가 어렵습니다. 운명을 판단할 때는 관찰자 시점이 필요합니다. 일정한 거리를 두고 냉정하게 분석해야 합니다. 옳고 그름에 대한 평가는 운명을 분석하고 난 다음 하는 것이 맞습니다.

먼저 독립운동가로 활동하다 대통령이 된 이승만의 명식(사주, 운명)을 보겠습니다. 그는 대한민국의 건국 대통령으로 취임한 1948년부터 1960년까지(제1대~제3대) 12년 동안 대통령 자리에 있었습니다.

이승만 권력에 대한 강박으로 시달리는 운명

양력 1875년 3월 26일 자시 출생

시 일 월 연
庚 丁 己 乙
子 亥 卯 亥

金 火 土 木
水 水 木 水

재성 일간 식상 인성
관성 관성 인성 관성

대운
庚 辛 壬 癸 甲 乙 丙 丁 戊
午 未 申 酉 戌 亥 子 丑 寅

금 금 수 수 목 목 화 화 토
화 토 금 금 토 수 수 토 목
87 77 67 57 47 37 27 17 07

사주를 처음 접하는 사람을 기준으로 설명하겠습니다.

먼저 타고난 생년월일시를 만세력에서 찾아 사주(네 기둥)와 팔자(여덟 가지 요소)를 세워야겠지요. 그것을 오행으로 바꾸고 일간을 중심으로 육친을 적습니다. 남자가 음의 해에 났으니 대운은 역행하겠군요. 여기까지 되면 기본 준비는 끝났습니다.

음양의 균형을 향하여

이 사주는 음과 양의 균형으로 접근하겠습니다.
지금부터 운명을 분석하는 방법을 단계별로 살펴보겠습니다.

음과 양의 비율을 가늠합니다

제일 먼저 할 것은 사주의 여덟 가지 요소를 따져보며 전체 음양의 무게를 파악하는 것입니다. 운명분석에서 제일 중요한 것이 바로 이것입니다. 사주를 구성하는 각 요소를 음과 양으로 균형을 맞춰보는 것이지요. 사주의 음金水과 양木火의 무게를 저울질해 중화中和[20]를 이루었는지 아닌지를 판단합니다.

우주는 土를 중심으로 팽창과 수축을 끊임없이 반복합니다. 중화는 수축과 팽창이 평형을 이룬 상태라 할 수 있습니다. 우주를 닮은 인간도 음과 양을 고루 갖춘 명식으로 태어나면 수축하고 팽창하는 두 힘이 균형을 이

---

20 중화는 서로 다른 성질의 것들이 모여 조화를 이룬 상태를 의미합니다.

룬 셈이니 평안한 삶을 이어갈 수 있습니다.

오행에서 수축하는 힘은 金水로 표현되고 팽창하는 기운은 木火로 나타납니다. 사주에서도 土를 중심으로 木火와 金水가 조화를 갖춰야 합니다. 그렇다면 위의 사주는 음양의 잣대로 판단할 때 어떤 결론이 나올까요?

사주를 분석할 때는 천간보다 지지를 중시합니다. 시기timing보다는 입지positioning에 비중을 더 두는 것이지요. 지지 중에서는 월지의 영향이 가장 큽니다. 월지를 지배하는 오행을 눈여겨 봐야 합니다.

사주에서 목화와 금수의 균형을 따져봅시다.

시	일	월	연
金	火	土	木
水	水	木	水

木火(연간, 월지, 일간) : 金水(연지, 일지, 시간, 시지)의 비율이 거의 비슷합니다. 그래도 강도가 센 월지에 목이 있어 木火가 약간 우세한 편입니다. 다른 위치에 비해 월지는 대략 세 배 정도(1:3)의 위력을 갖습니다. 이 명식에서 목화가 우세하다는 것은 팽창하는 힘이 수축하는 기운보다 강하다는 말입니다. 고무풍선으로 치면 부풀어 있습니다.

풍선이 안정되려면 바람을 조금 빼주는 것이 좋습니다. 중화를 이루려면 金水가 좀 필요합니다. 여기서 바람을 뺄지 더 불어넣을지는 대운의 방향이 결정합니다.

만세력에서 확인하면 대운은 7세부터 시작하고 역행합니다. 무인戊寅 정축丁丑 병자丙子 을해乙亥 방향으로 흘러갑니다. 해자축의 겨울대운을 거쳐 신유술의 가을대운, 사오미의 여름을 향해 달립니다. 무인대운 10년을 제외하고는 수축하는 金水기운으로 이어집니다. 대운이 명식의 중화를 완성하고 있어 일간이 바라고 기대하는 것들을 성취해나갈 수 있는 운명입니다.

육친을 살펴봅니다

육친을 따져보면 한 인간의 심리 상태와 관계, 그가 일으키는 사회적 파장까지 모두 알 수 있습니다. 일간을 둘러싼 환경을 속속들이 알 수 있지요. 육친은 일간을 기준으로 정하는 것이니 일간을 제외한 일곱 곳에 표시됩니다.

월지가 중요한 만큼 월지를 차지한 육친도 특별히 다룹니다. 월지에서 격格이 나오기 때문입니다. 격을 확인하는 건 어렵지 않습니다. 월지의 지장간 중 정기를 격으로 보면 됩니다. 격을 알면 일간의 성향이나 가치관, 목표를 보다 잘 알 수 있습니다.

위 사주의 격을 잡아봅시다.

卯월의 지장간은 갑목과 을목입니다. 정기는 을목이지요. 12지에서 묘목을 설명한 부분을 참고하면 좋겠네요. 을목은 일간 丁화를 상생합니다. 격은 인성격이군요. 배우고 익히는 활동과 관계있고 그 인성이 또 木이니 인문계열의 공부를 할 것입니다. 정치나 외교, 일반 행정, 언론 쪽이 적성에 맞습니다. 사주에 水가 많고 시에 金이 있으니 의사가 되는 것도 가능합니다. 분야는 안과나 산부인과가 좋겠네요.

성향도 따져봐야겠지요. 인성은 옛 것을 귀중하게 여기기에 대체로 보수적 기질을 드러냅니다만 이 사주는 일간이 火다보니 현실적 상황에 발 빠르게 대처하는 민첩함도 있습니다. 시대성을 읽어내는 감각을 타고난 셈입니다.

육친의 종류를 따져보니 지지에 관성이 너무 많습니다. 일간이 약하면 관성에 짓눌릴 텐데 월지에 인성이 있으니 관성을 두려워하지 않습니다. 원래 관성은 자신을 살펴보는 냉철한 합리성이 있지만 이 경우는 그게 쉽지 않습니다. 관성과 인성이 함께 있으니 관인상생이 일어나 관성이 일간을 압박하지 않습니다. 인성을 거쳐 부드럽게 다가오는 관성이다 보니 일간은 관성을 자기 멋대로 요리할 수 있습니다. 권력에 대한 집착이 발동합니다. 아예 권력을 쥐고 싶어 합니다.

이 사주는 土가 약합니다. 토는 식상이지요. 식상이 탄탄하면 일간은 관성이나 인성에 의지하지 않습니다. 일간 스스로 길을 찾아 나섭니다. 자신이 목표한 것을 이루기 위해 애쓰고 노력하고 좌충우돌하면서도 끝내 자신의 재주와 능력을 펼쳐 보입니다. 이 명식은 관성과 인성에 비해 식상이 너무 허약하지요. 그러다 보니 일간은 몸수고를 해야 하는 식상보다는 인성이나 관성으로 마음이 기웁니다. 게다가 인성은 완전히 자기편이고 관성도 만만합니다. 관인을 사용해 무언가를 해보고 싶은 마음이 발동합니다. 그 심정은 이해할 만합니다.

안타까운 건 인성 대신 권력을 잡는 관성의 길로 들어섰다는 것이지요. 이 명식은 인성을 따라 학자나 연구자가 되면 평탄한 삶을 살 수 있습니다.

일간을 탐색합니다

일간은 丁火입니다.

일간이 火인 사람은 기본적으로 성격이 밝고 활달하고 쾌활합니다. 정화는 불길은 약하지만 지속적으로 타는 불입니다. 이제 일간과 일간 주변의 오행을 재료 삼아 한 폭의 풍경화를 그려봅시다. 계절은 따뜻한 봄날입니다. 水가 있고 木이 있네요. 에너지를 제공해주는 호수와 바다, 꽃을 피운 나무를 연상할 수 있습니다.

물이 너무 많습니다. 그래서 생명력이 강한 을목이 땅에 뿌리를 내리지 못하고 물에 떠 있는 부목浮木이 되었습니다. 그래도 여기저기 흘러 다니며 끊임없이 줄기와 가지를 뻗습니다. 보기에는 땅에 뿌리박은 나무보다 불안정해 보이지만 물살을 타고 수초처럼 흐느적거리고 살랑거리며 나무의 둥치를 키워갑니다.

부족한 오행이 무엇인지 판단합니다

사주공부를 해본 사람은 용신用神이라는 말을 들어 보았을 것입니다. 이 용신을 운의 좋고 나쁨을 따지는 길흉吉凶의 판단으로만 받아들이는 경향이 있는데 그건 좀 문제가 있습니다. 용신은 사주에서 꼭 필요로 하는 오행입니다. 명식에서 음양의 균형을 맞추려면 있어야 하는 오행이지만 아

쉽게도 아예 없거나 혹 있다 하더라도 부족한 경우, 사주의 순환을 책임지는 오행이 용신이 됩니다.

널리 알려진 용어이니 이 책에서도 용신이라는 말을 쓰겠습니다만, 이것이 생소한 사람은 '결핍된 요소를 해결해주는 구세주 오행' 정도로 이해하면 됩니다.

그럼 용신만 찾아내면 사주가 저절로 술술 풀릴까요?

그렇지는 않습니다. 용신을 찾는 것은, 음양의 균형을 생각해보고 육친을 따지고 일간을 꼼꼼히 살피고 난 다음에나 고려해봄 직한 과정입니다. 풍경화 한 장을 그릴 때도 구도를 잡고 스케치를 하고 색을 입히는 순서가 있는 것처럼 운명을 분석하는 것도 나름의 절차를 따르는 것이 좋습니다. 또 용신이라는 녀석이 쉽게 모습을 드러내지도 않습니다. 게다가 가끔은 하나가 아니라 여러 개로 보이기도 하니 골치가 아픕니다.

용신도 따지고 보면 음양의 조화를 이루려는 것입니다.

음과 양의 균형은 이미 살폈지요. 사실 웬만한 사주는 용신 찾기 과정을 따로 하지 않아도 음양의 균형으로 설명됩니다.

앞에서 음양을 수축과 팽창으로 설명하면서 양인 목화는 팽창하고 음인 금수는 수축한다고 했습니다. 그것을 다시 줄이면 음양은 水(수축)와 火(팽창)입니다. 복잡다단한 변화가 일어나는 이 세상도 단순하게 보면 水와 火가 변화를 일으키며 돌고 도는 것에 불과합니다.

이분의 명식을 다시 따져봅시다.

1) 水와 火의 관계

이 사주는 지지에 깔린 많은 水를 木으로 돌린 다음 다시 火로 유도해내는 구조입니다. 원래 을목은 물을 많이 필요로 하는 나무가 아니어서 물을 흡수하는데 어려움이 있습니다. 다행스러운 건 계절이 봄의 한복판이다 보니 억지로라도 물을 처리해낸다는 점입니다. 이 을목이 일간 정화로 연결되면서 일간의 길을 열어주었습니다.

지지의 亥子해자水는 육친 관계로 따지면 관성입니다. 관성이 지나치게 많지요. 이런 상황이면 일간이 힘을 갖고 싶어 합니다. 권력욕에 시달립니다. 일간은 자신이 물을 다스리지 못하면 물이 자신을 덮쳐 불을 꺼버릴지도 모른다는 불안감이 있습니다. 넘치는 水의 위협을 극복해야 한다는 강박관념이 발동하는 것이지요. 권력의 힘에 휘둘리지 않기 위해서는 권력을 잡아야 한다는 생각, 한 번 차지한 권좌를 오래 지켜야 한다는 목표를 갖습니다. 이렇게 되면 주변에서 아무리 조언을 해도 잘 듣지 않습니다.

우리가 두려운 대상을 만났을 때 취할 수 있는 태도는 두 가지입니다. 대상으로부터 멀리 떨어져 관계를 회피하거나 아니면 대상을 통제할 수 있는 힘을 내가 갖는 것입니다. 이 사주는 관성의 영향권에 휩싸여 있습니다. 그래도 방법을 모색해서 다른 길을 택했다면 말년까지 평탄한 인생을 살았겠지요. 이분이 만약 강단에 섰다면 훌륭한 교육자로 명예를 얻었을 겁니다.

2) 金과 木의 관계

水火의 조화를 따지고 나면 金木의 균형도 참고합니다.

水火의 큰 기준에서 金木의 작은 기준으로 다시 저울질해 보는 것입니다. 중화의 관점에서는 이 명식이 木火가 金水보다 우세하므로 金水를 보완해야 한다고 했습니다.

세부적으로 파고드니 水는 이미 많기에 더 필요치 않고 金이 있어야겠다는 판단을 하게 됩니다. 그러면 이 사주에서 가장 절실한 오행, 즉 용신은 金이 되겠군요. 또 금이 안정되려면 금에게 힘을 실어주는 土도 함께 있어야 합니다. 드디어 찾았습니다. 용신은 토금입니다. 이 사주가 음양의 조화를 이뤄내려면 土金이 있어야겠군요.

결론

이제 매듭을 지어야겠지요. 이 사주는 을목이 잡풀처럼 너무 엉겨 있습니다. 뒤엉킨 나무를 金으로 좀 솎아내야겠습니다. 많은 물은 흙으로 제방을 하면 좋겠네요. 사주의 균형을 맞추려면 土金이 필요합니다. 남은 것은 대운이 흐르는 방향인데 다행히 토금을 향해 달려갑니다. 토금 운이 오면 일간의 뜻을 이룰 수 있겠군요. 이분이 대통령이 된 시기도 토금 대운이었습니다.

여기서 문제가 발생합니다. 명식에서 부족한 토금을 운에서 끌어와 쓰는 것은 한계가 있습니다. 자신이 뜻한 바를 이루어도 사회적 효용을 만들어내기는 어렵습니다. 국가로는 매우 불행한 일이지요. 명식에 토금이 없다는 것은 토금의 능력을 발휘하기 어렵다는 것입니다.

金은 재성財星에 해당합니다. 재성은 현실적 감각이며 조직이나 단체를 꾸리고 경영할 수 있는 능력입니다. 사주에 재성인 금이 약하면 실제 대통령이 되어도 지도력이 부족하고 나라 살림을 제대로 챙길 수 없습니다. 삶의 현장을 이해하기 어렵기 때문에 그저 책상에 앉아서 탁상공론만 하는 이론가가 되기 쉽습니다. 명식으로 판단하면 행정수반이라는 자리보다는 학자가 돼 국정을 자문해주는 자문위원 정도가 맞습니다.

이분의 약력을 살펴보지요.

1875년 황해도 평산에서 몰락한 양반 집안의 아들로 태어났습니다. 형이 있었지만 일찍 죽고 외아들처럼 자랐습니다.

1894년 배재학당에 입학, 서양의 신문물을 배우게 되었고 개화사상에 심취했습니다.

1898戊戌년에는 독립협회 활동을 하다 체포돼 사형선고를 받습니다만, 민영환의 노력으로 투옥된 지 6년 만에 석방되었습니다.

문제가 발생했지만 강한 토가 들어온 시기라 위태로운 지경으로 떨어지지는 않았습니다. 오히려 일간의 이름을 알리는 계기가 되었습니다.

이후 미국으로 건너가서 조지워싱턴대학교와 하버드대학을 거쳐 1910庚戌년, 프린스턴대학교에서 철학박사학위를 받았습니다.

뒤에 미국을 무대로 독립운동 단체와 관계하며 활동했습니다.

이분의 독립운동을 긍정적으로 평가한 경우도 있지만 동료들과 화합하지 못했고 지나치게 카리스마적이었다는 비판도 많았습니다.

이때까지의 여정을 보면 공부를 하고, 독립운동을 한다지만 큰 성과는 없었습니다. 대운에서 土金이 들어오는 50세 이후에는 목적한 바를 이뤄나갑니다.

1934甲戌년에는 오스트리아 출신의 프란체스카와 결혼해 가정을 꾸렸습니다.

1945乙酉년 해방이 되자 귀국해 영향력을 발휘합니다. 김구 선생을 비롯한 여러 독립 운동가들과의 경쟁에서 이겨 1948戊子년 초대대통령으로 취임하였습니다.

전쟁 중이던 1952년에는 제2대 대통령 선거를 앞둔 시점에서 자유당을 만들고 계엄령을 선포했습니다. 1960경자庚子년에는 부정선거로 네 번째 대통령에 당선되었으나 4.19혁명이 일어나 하와이로 망명했습니다.

1965乙巳년 고인이 되었습니다.

운명을 판단할 때는 土를 배경으로 木火와 金水의 균형을 따져봐야 합니다. 명식의 각 요소들을 수축과 팽창의 개념으로 접근하는 것이지요. 이것을 중화中和용신법이라 부를 수 있습니다. 분석해본 이승만 대통령의 사주도 이 기준에 따라 토금이 필요하다는 결론을 내렸지요.

이분은 水운에는 주로 해외에서 독립운동을 하며 지냈습니다. 독립된 국가가 없던 어려운 시기였지만 다른 독립 운동가들에 비하면 그런대로 무난하게 활동을 펼쳤습니다. 土金 운에는 결혼도 하고 정부가 수립된 뒤에는 대통령이 되었습니다. 그렇지만 인생의 끝맺음이 좋지는 못했지요. 말년에는 다시 망명길에 올랐으니 떠도는 삶이었습니다. 명식의 지지에 있는 많은 물(관성)을 다스리고 싶어 했지만 결국 그 물살에 내몰리고 만 셈입니다.

한 사람이 일생을 살아가는 데는 운의 흐름이 중요합니다. 그러나 사주가 미치는 영향이 더 크지요. 연월은 조상이 형성해준 기운으로 인생의 전반부를 결정합니다. 일시는 나와 자식이 만들어 가는 인생 후반부의 기운이지요. 특히 시주는 일간의 말년을 가늠해볼 수 있는 곳입니다.

이승만의 시주는 庚子입니다.

경금이 물에 빠져 허우적거리는 모습이군요. 관성에 대한 강박으로 권력을 좇았고 그것을 손에 쥐고 제어한다고 여겼겠지요. 하지만 그가 누린 권력이 익사 당하는 형상입니다.

역사적 관점에서 보면 한국의 초대 대통령이라는 막중한 자리에는 이분보다는 좀 더 유능하고 사심이 없는 사람이 앉았어야 했습니다.

다음으로 살펴볼 분은 김구 선생입니다.

김구 자유를 갈망하면서도 윗사람의 가르침에 구속되는 운명

양력 1876년 09월 04일 자시 출생

시	일	월	연
甲	己	丙	丙
子	巳	申	子
木	土	火	火
水	火	金	水

관성	일간	인성	인성
재성	인성	식상	재성

대운

癸	壬	辛	庚	己	戊	丁
卯	寅	丑	子	亥	戌	酉
수	수	금	금	토	토	화
목	목	토	수	수	토	금
61	51	41	31	21	11	01

음양, 일간, 격으로 판단하는 운명 삼각형

독립운동가, 교육자, 종교인, 정치인이었던 백범 김구 선생입니다. 이승만 대통령과 같은 시기에 활동한 분이지요. 김구 선생의 명식은 삼각 구도로 설명하겠습니다. 단계는 다음과 같습니다.

a) 음양의 비율을 살펴 중화를 맞춰줍니다.

여기서 가장 필요한 오행이 무엇인지 찾습니다. 용신인 셈이지요.

b) 일간을 꼼꼼히 살핍니다.

c) 일간의 격을 따져봅니다.

이분을 모르는 사람은 없을 것입니다만 어떤 운명을 타고 났는지 아는 분은 많지 않겠지요. 초대 대통령을 김구 선생이 하셨더라면 한반도가 분단도 되지 않았을 것이고 대한민국의 운명도 좀 더 나은 방향으로 전개되었을 것이라 믿는 사람들이 많습니다. 단독정부수립을 주장한 이승만은 대통령이 되었고 통일정부수립을 고수한 김구는 대통령이 되지 못했지요.

이분은 왜 대통령이 되지 못했을까요?

민족주의를 강조하며 나라 사랑을 외쳤지만 나라를 세울 만한 밑그림을 그릴 능력은 없었다는 의견도 있습니다. 그가 반탁운동을 전개하는 바람에 좌익과 우익의 대립을 더욱 조장했다는 견해도 있습니다. 또 대중이 사회주의와 공산주의에 대한 이해를 제대로 할 수 없게 만들었다는 평가도 있습니다.

이분의 운명을 분석해봅시다.

음양의 비율을 따집니다

시	일	월	연
木	土	火	火
水	火	金	水

개수로만 따지면 목화가 금수보다 더 많습니다. 그래도 천간에 비해 비중이 큰 지지에 금수가 있습니다. 이럴 때는 금수가 목화보다 우세하다고 봐야합니다. 금수>목화의 구조가 되었습니다. 사주의 균형을 맞추려면 목화의 기운을 보강해야합니다.

중화를 이루기 위해 필요한 오행은 木과 火입니다. 대운의 흐름을 보면 金水木(가을, 겨울, 봄)으로 달립니다. 51세 이후 木운이 오지만 천간은 여전히 水가 있습니다. 따스한 목화 운이 좀 일찍 들어왔으면 좋았겠지요. 게다가 태어난 시간도 子시군요. 노년의 삶도 편치 않을 것임을 짐작할 수 있습니다. 이승만 사주와 비교하면 운의 흐름이 나쁩니다. 뜻한 바를 이루기 어렵습니다.

일간을 살핍니다

己토는 부드러운 흙으로 일상과 관련이 많은 땅입니다. 자신을 중심으로 많은 사람들을 모이게 하고 그들을 모두 끌어안는 포용성이 있습니다. 봄여름에는 토가 열리는 시기라 작물을 배양합니다. 가을의 토는 호흡을 조절해 열매를 단단히 만듭니다. 겨울에는 땅의 기운을 완전히 닫아 휴식합니다. 이 사주의 일간은 결실을 이루는 시기에 태어난 기토입니다.

일간의 입장에서 본다면 연월이 수확할 수 있는 환경으로 짜여 있기를 바랄 것입니다. 연월에 잘 자란 木火가 들어차 있다면 조부모와 부모 대에 농사를 제대로 지어왔음을 의미하는 것이니까요. 그런데 이분의 연월을 보면 나무가 제대로 심어져 있지 않습니다. 가까스로 시에 나무가 하나 보이기는 하지만 뿌리가 약합니다. 상황이 이러니 가을의 흙으로 태어난 일간이 거둬들일 농작물은 시원찮겠지요.

격을 찾읍시다

김구 선생은 음력 7월 申달에 태어났습니다. 일간이 기토니 토생금의 관계군요. 식상격입니다. 식상격은 원래 조직의 통제를 받기 싫어하는 자유주의자입니다. 지시나 규율에 얽매이는 것을 원하지 않습니다. 몸수고를 아끼지 않고 또 스스로 활동 범위를 정하고 매진하는 특성이 있습니다.

같은 식상격이라도 오행에 따라 특성은 완전히 다릅니다.

木이나 火가 식상인 木火 식상격은 교육, 예술, 문화 방면에서 두각을 나타냅니다. 土金 식상격은 기술 분야나 땅과 관계된 활동에서 역량을 발휘합니다. 광산, 도로, 건축, 금속, 농작물을 다루는 것처럼 현장에서 에너지를 쏟아냅니다.

금은 목을 억압하는 속성이 있습니다. 그래서 인성 火가 식상 金을 적절하게 제어해주지 않으면 金은 관성 木에 흠집을 냅니다. 권위를 부정하는 범법자가 되기 쉽습니다. 인성의 통제를 받은 식상 金은 매력을 발휘합니다. 아랫사람을 위하고 노력을 아끼지 않는 실천적인 사람이 됩니다.

일간 기토의 월지가 신금이니 일간은 가을에 태어난 흙이고 연월에는 木火가 약합니다. 풍성한 수확을 거둘 수 있는 논밭이라고 보기는 어렵습니다. 사주 구조로 보면 연월은 삭막한 논밭이고 쇠락하는 기운만 감도는 황량한 곳입니다. 선조 대에 활동을 왕성하게 해놓지 않아 일간의 생활터전이 다소 각박해졌음을 알 수 있습니다.

한해 농사도 그렇지요. 봄에는 씨앗을 심어야 하고 그것이 싹을 틔우고 나오는 과정을 지켜봐야 합니다. 여름에는 줄기를 뻗고 가지를 벌리는 단계를 보며 또 공을 들여야 합니다. 그런 절차가 있어야 가을의 알곡을 기대할 수 있습니다.

아무리 부드러운 기토라 하더라도 봄여름에 일한 것이 없다면 가을 기토는 황폐한 땅일 뿐입니다. 이러한 상황에서 일간의 심성은 어떻게 작동할까요? 당연히 목화를 보충하고 싶을 것입니다. 일지 巳화와 월간 丙화가 金을 억제하고 있기에 마음이 그렇게 돌아갑니다. 그 마음의 흐름이 용신입니다.

결론

이 사주의 용신은 병화로 인성에 해당합니다. 격은 마음껏 기질을 발산하는 식상이지만 마음이 흐르는 방향은 인성과 인성을 지원하는 관성입니다. 처음에는 자유분방함을 선호하는 것처럼 보여도 시간이 흐르면 자신의 욕구에 휘둘리기보다는 윗사람의 견해를 존중하는 마음을 갖습니다. 권위를 중시하고 보수적 성향을 띱니다.

그렇다고 월지를 차지한 식상이 완전히 제어되기는 어렵겠지요. 명식에서도 자유를 갈망하는 식상과 윗사람의 가르침을 지키려는 인성 사이에서 일간이 균형을 맞춰가기 위해 안간힘을 쓰는 모습이 보입니다. 즉 己토가 식상인 申월을 배경으로 용신인 인성 丙화를 지향하는 구조입니다. 아쉬운 건 지지에, 천간의 병화를 지켜줄 木이 부족하다는 점입니다. 대운도 목화로 흐르지 않습니다. 안타까운 점이 많은 사주입니다.

어렵고 힘든 시절에 독립운동의 중심축이 돼 많은 활동을 하셨습니다만, 건국이 되고 나서는 중도파로 잠시 활약하다 암살되고 말았습니다. 지지에 木이 있었다면 해방된 땅에서 대통령의 지위에 올랐을 것입니다. 발자취를 보겠습니다.

1876년 황해도 해주에서 몰락한 양반의 자제로 출생하였습니다.

1893년 동학에 입교해 동학농민운동에 참여하였습니다. 1898년에는, 명성황후를 시해한 일본군 장교를 살해한 혐의로 체포되어 사형이 확정되었으나 고종의 특별사면으로 감형되었습니다.

1911년 '105인 사건'에 연루돼 17년형을 선고받았지만 3년 뒤에 풀려났습니다. 1919년 3·1운동을 계기로 상해로 망명했고 1928년에는 한국독립당의 총재가 되었습니다. 이후 '한인애국단'을 조직하고 항일무장활동을 진두지휘했습니다.

1939년 임시 정부의 주석이 되었고 이듬해에는 충칭에서 광복군을 만들었습니다. 1941년에는 대일 선전포고를 했고 해방이 되고 나서는 한 민족이 분단된 정부를 만드는 것에 끝까지 반대했습니다.

단독 정부 수립에 반대하며 중도파로 영향을 미쳤지만 1949己丑년에 암살당했습니다.

일본에 항거하는 자세를 지속적으로 유지했던 건 식상의 실천으로 볼 수 있습니다. 인성이 있고 관성도 있으니 명분이 있는 행동입니다. 이분의 활동이 당대에 결실을 맺지 못한 것은 木火가 부족했기 때문입니다. 김구 선생은 당대에 행적은 인정받았지만 권좌에 오르지 못했던 분입니다. 그래도 대운에서 늦게나마 목화의 기세가 이어져 세인에게 오래 기억되는 것이겠지요.

어떤 인물이 기억되고 잊히는 것은 업적이나 공적만으로 되는 일은 아닙니다. 당대에 대단한 공훈을 세워 추앙을 받더라도 죽고 나면 사람들의 기억에서 잊히는 사람이 있고, 살아있을 때는 이름이 알려지지 않았어도 사후에 다시 조명 받는 경우도 있습니다. 대중의 기억 작용은 일간의 대운과 연관이 있습니다.

다음은 노무현 대통령입니다.

노무현 시대의 운동장이 되고 싶었던 운명

양력 1946년 9월 1일 출생

시	일	월	연
丙	戊	丙	丙
辰	寅	申	戌
火	土	火	火
土	木	金	土

인성	일간	인성	인성
비겁	관성	식상	비겁

대운

甲	癸	壬	辛	庚	己	戊	丁
辰	卯	寅	丑	子	亥	戌	酉
목	수	수	금	금	토	토	화
토	목	목	토	수	수	토	금
72	62	52	42	32	22	12	02

대한민국에서 대통령을 지낸 분 중 이분만큼 사주에 대한 해석이 나뉘는 경우도 드뭅니다. 용신을 잡는 것에서부터 대운을 해석하는 것까지 의견이 다양하다 못해 어지럽습니다. 그렇게 된 원인은 널리 알려진 이력에 맞추어 사주를 보려하기 때문입니다.

운명을 판단할 때는 먼저 구조를 치밀하게 분석해야 합니다. 경력이나 업적은 구조를 파악한 다음에 고려할 사항입니다.

구조분석 金木의 균형이 관건인 운명

火　土　火　火
土　木　金　土

음양의 비율

가장 먼저 판단할 것은 음양의 비율을 살피는 것이지요.

목화와 금수를 따져봅시다. 木 1개, 火 3개, 金이 1개 있습니다. 火 3개는 천간에 있고 木 1개는 일지에 있네요. 金이 1개, 水는 아예 없습니다. 그나마 월지에 金이 있는 건 다행스럽지만 그래도 목화에 비해 금수가 많이 부족합니다. 이분은 木火가 강한 사주입니다. 중화를 이루려면 金水가 필요합니다.

金木의 관계

두 번째 고려할 사항은 金木의 균형입니다. 재미있는 것은 이 사주에서 건축물을 연상할 수 있다는 것입니다. 사주를 한 채의 집에 비유해 다시 살펴보겠습니다. 집이 기능을 제대로 하려면 위와 아래, 좌우의 균형이 맞아야 합니다. 사주도 마찬가지입니다.

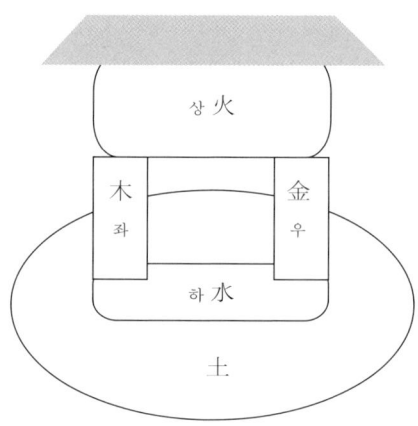

土는 집을 지을 공간을 제공합니다. 水와 火가 아래와 위를 책임집니다. 金과 木은 좌우의 균형을 맞추어줍니다.

무거운 水는 집의 아랫부분으로 배수나 배관 같은 기초 시설물입니다. 가벼운 火는 주거에 필요한 전기 시설, 각종 전자 제품, 집에 들어와 사는 사람들이 만들어내는 다양한 활동입니다. 金木은 집이 형체를 유지할 수 있게 좌우의 균형을 받쳐주는 목재와 철근입니다.

이런 잣대로 보면 이 분의 사주는 기묘한 구석이 있습니다.

1) 金木의 조화

연월은 戌과 申이 있어 금을 강화시키고 일시는 寅辰으로 목을 이룹니다. 집으로 치면 좌우의 균형은 잘 갖춘 셈입니다. 다만 연월 金이 일시의 木을 자극하고 있으니 木의 기운을 조금 더 보강하는 것이 좋겠습니다.

2) 水火의 균형

火는 3개나 있지만 水는 申금의 지장간에 있는 임수, 辰토 속의 계수 말고는 뚜렷하게 나타난 것이 없습니다. 水가 필요합니다.

중화 혹은 중화용신에서 보면 金水를 보강해야 하는 사주입니다. 그런데 금목의 관계까지 고려하니 조금 다른 해석이 나오는군요. 水가 절실히 필요하고 금보다는 木을 더 필요로 한다는 것입니다. 그렇게 따지면 이 사주의 용신은 水木이 됩니다. 金은 水와 함께 온다면 나쁘지 않습니다.

집으로 치면 넓은 토가 있고 부족하긴 하지만 나무가 있습니다. 겉으로 드러난 물은 없지만 그래도 지지에 申辰이 있어 저수지의 모습도 갖추었습니다. 운에서 물이 흘러들기만 하면 잘 보관할 수 있으니 생활하기에는 그런대로 괜찮은 집입니다.

대운을 보면 22세부터 해자축, 인묘진으로 수목의 방향을 따라 흐릅니다. 개인의 안락과 화평을 추구했더라면 일생 동안 평탄한 삶을 이어갈 수 있는 사주입니다.

일간을 살핍니다

일간은 戊토입니다. 일간의 자의식을 강화시키는 비겁, 辰토와 戌토도 있어 정체성이 무척 강합니다. 또 인성 火의 지원도 있으니 무토의 의지가 보통이 아닙니다.

무토는 양의 토라 음토인 기토와는 성정이 많이 다릅니다.

무토가 일간인 사람들은 외양이든 내면이든 꾸미는 것을 싫어합니다. 소박하고 수수한 것을 좋아합니다. 성격도 털털한 편입니다. 자신이 외부에 드러나는 것을 크게 부담스러워하지도 않습니다. 많은 사람들이 자신의 주위로 모여들면 편히 쉴 장소를 마련해주고 싶어 합니다.

먹을 것과 마실 것이 부족하면 자신의 몫을 선뜻 내놓습니다. 그래서 일간을 한 번이라고 스쳐간 사람들은 매력 있는 존재로 오래 기억합니다. 강한 무토가 소신을 가지고 넉넉한 태도로 사람을 맞으니 그럴 수밖에요.

무토 일간으로 태어나면 규모가 큰 단체나 조직의 수장에 올라 영향력을 발휘하거나, 종교 지도자가 돼 대중의 정신적 버팀목이 되기도 합니다. 또 농장을 운영하거나 땅을 사고팔거나 건물을 짓는 일도 합니다.

무토는 일을 주관할 때가 많습니다. 책임질 일도 많고 다툼이 생기면 중재자 역할도 해야 합니다. 원래 중재는 어려운 일이지요. 주변상황을 세세히 고려해야 하고 이해관계자의 감정을 두루 헤아려야 하니까요. 이 점에서는 무토보다 섬세한 기토가 좀 낫습니다.

무토는 큰 범위의 균형을 중요하게 여깁니다. 가까운 사람들의 기대와 열망은 모두 담아내지 못할 때가 많습니다. 그러다 보니 결정에 불만을 품는 사람도 생기고 때에 따라서는 비난도 받습니다.

한쪽에서는 소신껏 일을 추진했다는 칭찬이 나오지만, 한편에서는 남의 감정을 잘 파악하지 못하고 자기 고집대로 일을 처리해버린다는 원망도 불러옵니다.

격을 봅니다

음양의 비율, 금목의 관계, 일간까지 살폈습니다. 네 번째로 따질 것은 격입니다. 이분은 식상격입니다.

식상은 권위나 명예에 집착하지 않습니다. 조직에 얽매인 생활을 싫어하고 자신의 노력과 열정에 기대어 일을 해나갑니다. 직장생활을 하더라도 개인의 역량을 인정해주는 곳에서 근무하기를 원합니다.

연지는 비겁 土, 월지는 식상인 金이 차지했습니다. 식상이 월지에 있으니 위력이 대단할 것 같습니다만, 재성이 없습니다.

연월에 재성이 있으면 식상이 재성으로 연결돼 넉넉한 가정에서 부족함 없이 성장할 수 있습니다. 식상만 있고 재성이 부족하면 가난한 가정에서 자라기 쉽습니다. 이 명식은 식상 申금이 병화의 억제까지 받고 있습니다. 게다가 일지를 차지한 관성 寅목과도 부딪히고 있지요. 월지와 일지가 다소 불편해보입니다.

이분의 운명은 아주 독특한 점이 있습니다.

지지의 申戌은 금을 강화시키고 寅辰은 목으로 연결됩니다. 서쪽과 동쪽을 모두 아우르는 형상입니다. 대운도 金이 水를 향하고 다시 木을 도우는 흐름으로 이어집니다. 자랄 때는 형편이 어려워 고생을 해도 일간의 활동이 왕성해지는 청장년기가 되면 큰 발전이 있을 것임을 짐작할 수 있습니다. 일간의 노력만으로 조직사회에서 인정도 받고 집안도 일으키는 것이지요.

22세부터 겨울대운 해자축이 들어와 水의 부족을 해결합니다. 52세부터는 木이 이어집니다. 대운에 명식의 결핍을 보완할 수 있는 요소들이 배치돼 있어 다행스럽습니다.

안타까운 점은 관성인 木이 식상인 金으로부터 제재를 받고 있어 일간의 권위나 위세가 흔들리기 쉽다는 것입니다. 일상에서는 위엄을 보일 이유도 없고 남을 복종시킬 필요도 없으니 괜찮습니다. 그러나 조직이나 단체, 공동체의 지도자가 되었을 때는 절대적으로 필요한 것이 권위입니다. 이분의 소탈하고 소박한 행동들이 가끔 오해를 사고 비난도 불러온 것은 관성과 식상의 부딪힘으로도 이해해볼 수 있습니다.

이분의 이력은 널리 알려졌고 영화로도 제작되었습니다. 삶 자체가 한 편의 운명 드라마였지요. 발자취에 대해서는 따로 언급할 필요가 없을 정도입니다.

인생에서 변곡점 역할을 했던 지점만 살펴보겠습니다.

1946년 경남 김해의 농가에서 태어났고 1966년 부산상고를 졸업했습니다. 1975乙卯년 사법시험에 합격해 대전지법 판사를 지내다 1978년부터 변호사로 활동했습니다.

1981신유辛酉년에 시국 사건의 변호를 맡기 시작하면서 인권변호사로 활동하였습니다.

신유년은 식상의 해입니다. 관성인 木과 극렬하게 대치하는 때입니다. 이 시기는 좀 따져볼 필요가 있습니다. 묘한 이중성이 발견되기 때문입니다. 살핀 것처럼 이 사주는 금 식상이 목 관성과 대립하는 구조입니다. 귀한 목을 금이 건드리고 있지요.

신유년에 일어나는 상황은 좀 특이합니다. 일간이 식상으로 관성에 맞섭니다. 금으로 목을 힘껏 누르는 것이지요. 이 관성은 자기 통제력을 상실한 관성이었습니다. 그냥 내버려두면 생명을 억압하고 인권을 유린하는 문제 있는 관성이었던 거지요. 그래서 일간은 식상 금을 사용해 거대한 괴물, 목 관성에 대적합니다.

재미있는 현상은 그 다음입니다. 일간의 이 활동이 노동운동, 학생운동, 시민운동에 나선 사람들을 살리려는, 그러니까 약한 존재와 나약한 생명을 지키려는 행위라는 것입니다. 관성 목에 맞서지 않으면 생명 목을 구할 수 없는 이상한 이중성이 작동한 것이지요. 이 사건을 계기로 이분의 인생 행로는 완전히 다른 흐름을 타게 됩니다.

어린 시절의 고생을 완전히 잊어버려도 좋을 만큼 성공한 변호사가 어쩌다 맡게 된 일 때문에 자신에게 예정돼 있지 않은 길에 접어들었다고 생각할 수도 있습니다.

운명적 해석은 다릅니다. 만약 사주에 있는 요소로만 이분의 운명 그림을 그린다면 다소 밋밋한 풍경화가 되고 말 것입니다. 흙을 적실 물이 부족하고 근사한 경관을 만들 나무가 많지 않기 때문이지요.

그런데 화토가 많은 구조에 대운이 수목으로 흐릅니다. 타고난 연월일시의 흠결을 해결할 수 있는 절호의 기회지요. 무토 일간이 금 식상을 이용해 그림을 새로 그릴 수 있게 되었습니다. 그렇게 생각하면 이분이 정치계에 입문하게 된 것이 인과관계가 없는 우연의 일은 아닙니다. 무토는 지친 생명들이 자신을 쉼터 삼아 다시 호흡을 가다듬을 수 있게 공간을 제공합니다.

미학자이자 음악학자인 아도르노(1903~1969)는 문예비평가인 베냐민(1892~1940)을 두고 '그에게 위대함이 있다면 자신의 삶을 역사의 운동장으로 제공한 데 있다.'고 했습니다. 이 말은 이분에게도 적용할 수 있습니다. 인식 주체인 일간이 자신을 시대의 운동장으로 내놓았다는 것이지요. 그 운동장은 강하고 힘센 대상들이 와서 뛰노는 곳이 아니라 기운 빠진 사람들을 위한 터전입니다.

이런 해석은 토금과 수목의 관계에서 나옵니다. 토금은 힘이 센 대상으로, 수목은 자유를 원하고 연대를 바라는 생명들로 볼 수 있습니다. 이 상황에서 일간이 바라는 것이 무엇이겠습니까? 사주의 전체 균형을 맞출 수 있는 요소들을 초대하고 싶겠지요. 그것이 시대 상황과 맞물려 돌아가면서 결국 이분은 정치판으로 호출돼 나왔고 국회의원 선거, 시장 선거, 대통령 선거까지 이어졌던 것입니다.

대통령에 당선된 때는 2002년 12월입니다. 壬寅대운 壬午년 壬子월이군요. 천간에 재성 水가 다량 확보돼있습니다. 수가 필요하기는 하지만 이렇게 한꺼번에 들이닥친 수는 어떨까요? 木이 함께 오지 않으면 일간과 부딪히기만 하고 순환이 일어나지 않습니다. 다행히 대운에 인목이 있습니다. 재성 수가 관성 목으로 잘 이어져 대통령에 당선되었습니다.

이분의 개인 삶으로 보면 이 선거에는 출마하지 않는 것이 좋았을 것입니다. 이분에게 수목 대운은 명식의 결함을 해소할 수 있는 정말 좋은 운이었지요. 한 나라의 지도자라는 직책을 맡다 보니 자신의 운명을 살필 여유는 없었을 겁니다.

명식만 보면 水木이 취약합니다. 재성과 관성이 잘 갖춰져 있지 않습니다. 물론 대운에서 水木의 흐름이 이어집니다. 그래서 선거에는 이겼지만 일간 무토 입장에서는 재임 기간을 통과해 나오는 과정이 무척 힘들었을 겁니다. 대통령이 되지 않았다면 임기 내내 시달리지도 않았을 것이고 비통한 말년을 맞지는 않았을 것입니다.

이런 생각은 시선을 한 사람의 인생으로만 국한해서 보았기 때문이지요. 앞에서 베냐민을 언급하며 이분 역시 자신을 시대의 운동장으로 내놓았다고 했습니다. 게다가 이분의 일간은 정말 흙입니다. 이 명식을 통해 우리는 한 개체의 안위만 고려하지 않고 시대의 공기를 함께 호흡했던 운명을 살펴본 셈입니다.

이제 분석할 분은 언론인입니다.

방일영 치우친 구조로 결과물을 만든 운명

양력 1923년 11월 26일 인시 출생

시	일	월	연
甲	癸	癸	癸
寅	卯	亥	亥

木	水	水	水
木	木	水	水

식상	일간	비겁	비겁
식상	식상	비겁	비겁

대운

丙	丁	戊	己	庚	辛	壬
辰	巳	午	未	申	酉	戌

화	화	토	토	금	금	금
토	화	화	토	금	금	토
62	52	42	32	22	12	02

조선일보에서 회장을 지냈던 분이지요.

1943년 사장 비서로 입사해 55년간 언론계에 종사한 언론인이자 기업인입니다. 당시 조선일보의 사장은 그의 조부였습니다. 조부 방응모는 일제강점기에 조선일보를 사들였지만 손자가 입사할 때는 신문도 폐간되고 모든 게 엉망이었습니다. 몇 달 뒤 조선일보가 복간되고 신문사가 자리를 잡을 즈음 전쟁이 나고 사장이 납북되었습니다. 조부는 한독당 당원이었으며 김구를 추종했고 김구가 주관하는 행사를 후원했다고 알려져 있습니다.

조부의 납북 이후 신문사의 실질적 경영은 손자가 맡게 되었지만 과정이 순탄치 않았습니다. 그러다 조부의 사망 소식이 전해지고 신문사 내부에도 다툼과 내분이 극심했습니다. 이 상황에서 조선일보를 완전히 새로 세우다시피한 건 이분이었습니다.

두 가지 재료로 균형을 이룬 운명

구조가 무척 특이한 명식입니다.

```
木  水  水  水
木  木  水  水
```

오행 중 水가 5개, 木이 3개 있습니다. 요소가 두 가지 뿐입니다.

음양의 비율

따져보지 않아도 음이 너무 많습니다. 당연히 따뜻한 양을 필요로 하겠지요. 이 사주는 水가 많고 木도 강합니다. 水가 木으로만 흐릅니다. 호수 주변에 나무가 빽빽이 들어차 숲을 이루었습니다.

金木의 균형을 따지기 어렵습니다. 명식에 흙이 없으니 금이 오면 물에 가라앉기만 할 뿐 효용이 없습니다. 오히려 물만 더 넘칠 것입니다. 수를 빨아들인 나무가 잘 자랄 수 있게 따뜻한 태양만 기다릴 뿐입니다.

일간

癸水 일간에 비겁만 많고 인성 金이 없습니다. 인성의 지도를 받지 않고 자란 일간이 식상인 목으로만 향하다 보니 자유롭다 못해 다소 방만한 점이 있습니다.

계수의 속성을 따져봅시다. 원래 조용하고 비밀스러운 계수는 나무를 배양하기 좋은 물입니다. 마음이 여리고 성향도 내성적입니다. 자신의 포부를 잘 드러내지 않습니다. 욕망도 크지 않습니다.

이 사주는 물이 엄청나게 많지요. 야심이 대단한 계수입니다. 계수가 초원의 나무를 마음껏 적시고 있습니다. 계수와 울창하게 우거진 숲의 관계를 떠올려보면 좋겠습니다.

계수는 나무와 접속해 생명현상의 깊고 오묘한 정보를 알아내는 단계까지 나아갑니다. 그럼 그 다음은 어떻게 하지요? 명식에서는 더 이상 기대할 게 없습니다. 여기서 대운이 가세합니다. 32세부터 여름 30년과 봄 30

년이 이어집니다. 수와 목뿐인 명식에 태양 빛이 이어지면 일간은 자신의 활동으로 세상에서 인정을 받습니다. 계수가 일군 숲이 명성을 얻는 거지요. 치우친 구조여서 문제를 안고 있음에도 한 세상 자신의 역량을 마음껏 펼쳐낼 수 있습니다.

격

월지가 일간과 같은 오행이니 비겁격이라 할 수 있습니다. 비겁은 직업이나 적성과 관련하여 특별히 이야기할 것이 없습니다. 그래도 같은 무리들이 잔뜩 모여 있으면 일간의 주체성을 강화시키는 정도에서 그치지 않지요. 원하는 것을 얻기 위해 단체나 집단을 만들어 한 목소리를 낼 수 있습니다.

월지 亥수의 지장간은 戊甲壬입니다. 그중에 중기 甲목이 시에 나타나 있습니다. 그래서 비겁격보다는 식상격으로 보는 것이 좋습니다.

식상격은 규율을 따르고 관리나 통제를 받는 것이 불편합니다. 마음이 흐르는 대로 움직이기 원합니다. 게다가 이분은 木이 식상입니다. 자신의 생각을 표현하는 것에 거침이 없습니다. 저널리스트나 소설가가 될 수 있습니다. 또 가르치고 배우는 교육 분야에서 활동하거나 방송이나 출판, 언론, 홍보계통의 업무도 괜찮습니다.

김구 선생도 식상격이었지요. 그분은 금이 식상이고 또 필요한 오행은 인성 화였습니다. 그에 비해 이분은 식상이 목이고 식상 목을 활용할 수 있습니다. 물론 명식만 보면 쉽지 않습니다. 寅목과 卯목이 추위에 오들오들

떨고 있는 모습뿐이지요. 그래서 뜨거운 태양빛을 그리워하고 있는데 다행히 대운이 여름과 봄으로 흐릅니다.

이분이 신문사로 진출한 것은 시지의 寅목과 일지 卯목이 강한 영향을 미쳤기 때문으로 보입니다. 인목의 지장간은 戊丙甲입니다. 어둠을 밝히는 병화는 문화나 문명과 연관이 있습니다. 갑목에서는 일을 시작하는 개척자의 기상을 읽을 수 있지요. 일지 卯목도 봐야겠지요. 묘목은 지장간이 甲乙입니다. 사실 묘목은 지장간을 따질 필요도 없습니다. 매일 찍혀 나오는 수많은 신문을 卯목으로 볼 수 있으니까요.

인목 속의 병화와 갑목, 일지의 묘목이 함께 작동하는 풍경을 연상해보세요. 조용한 방에서 원고지를 앞에 놓고 혼자 글을 쓰는 작가의 모습과는 거리가 있습니다. 이분이 신문사를 경영했던 것은 자신의 적성에 딱 맞는 일이었을 겁니다.

특이 사항

巳午未 대운에서 천간이 戊己로 이어지는 것을 어떻게 판단해야 할까요? 식상격이 土 관성을 만나는 이 시기를 식상이 관성을 건드리는 것으로 해석하면 좋다고만 보기는 어렵겠지요. 이 경우는 문제가 생기지 않습니다. 사오미 대운은 열기가 가득한 여름입니다. 土가 火와 같이 오니 木이 火를 생하고 火가 다시 土를 상생합니다. 문제는커녕 일간의 활동 범위가 확대되고 권력 집단과 접속하는 기회까지 얻습니다. 이분이 밤의 제왕이라는 별칭을 얻었던 것도 여름대운에서였습니다.

약력을 간단히 살펴보지요.

평안북도에서 태어났고 일본 중앙대학 예과를 졸업한 뒤 1943년 조선일보사에 입사했습니다. 조부의 납북으로 28세 때 경영을 맡았습니다.

31세가 되던 1954년癸巳년부터 1964甲辰년까지 조선일보에서 대표이사 겸 발행인으로 활동했습니다.

1963년 한국신문협회 이사장에 선임되었고, 방일영문화재단도 설립했습니다. 1964년 조선일보사 회장에 취임했습니다.

1993년에 회장직을 사퇴했고 1999년에는 이사 고문직도 내려놓았습니다. 2003년 癸未년에 고인이 되셨습니다.

이분은 언론이 자유로운 목소리를 낼 수 있는 분위기 조성에 기여했다는 긍정적 평가가 있는 반면 권력과 언론의 결탁에 가담했다는 부정적 평가도 있습니다.

이제 살펴볼 분은 기업인입니다.

정몽헌 재성과 인성의 교차로에 선 운명

음력 1948년 9월 14일 축시 출생

시	일	월	연
乙	甲	壬	戊
丑	戌	戌	子

木	木	水	土
土	土	土	水

비겁	일간	인성	재성
재성	재성	재성	인성

庚	己	戊	丁	丙	乙	甲	癸
午	巳	辰	卯	寅	丑	子	亥

금	토	토	화	화	목	목	수
화	화	토	목	목	토	수	수
78	68	58	48	38	28	18	08

거대기업의 총수를 지낸 분이지요.

육친의 재성을 설명할 때 잠시 소개했던 명식입니다. 이 사주를 분석하면서 일간과 재성의 관계를 이해해봅시다.

운명 분석

음양비율, 중화

음양의 균형부터 따져봐야겠지요. 이 사주는 土가 많습니다. 월지에도 토가 나와 있습니다. 토가 일으키는 변수에 대해 생각해봅시다.

계절은 土를 중심으로 변화합니다. 봄여름은 木火로 팽창하고 가을겨울은 金水로 수축하는 것이지요. 명식을 판단할 때도 토를 중심으로 4행의 음과 양을 따집니다. 木火의 팽창을 더 원하는 사주인지 金水로 수축해야 하는 사주인지 판단하는 것이지요.

이분처럼 토가 많은 경우, 그것도 월지에 토가 있는 경우는 토의 성분도 살펴야 합니다. 가을의 끝에 들어오는 戌토는 내부에 丁화가 있습니다. 특이한 것은 일지까지 월지의 토와 모습이 같다는 것입니다. 이것은 태어난 계절은 서늘한 때이지만 중첩된 술토 때문에 따뜻한 火를 내장한 명식이 되었음을 의미합니다.

원래 가을과 겨울을 잇는 술달은 나무가 한껏 성장할 수 있는 시기가 아니지요. 거기에 일지까지 메마른 술토니 甲목이 뿌리를 제대로 내릴 수 없습니다. 이런 상황이면 일간의 입장에서는 내부에 온기가 있으니 바깥 날씨가 다소 춥더라도 나무의 뿌리를 적실 수 있는 水를 원합니다. 계절은 겨울 문턱을 바라보고 있어도 술토 속에 火가 있으니 습기만 안정적으로 공급되면 일간이 바라는 것을 이룰 수 있습니다.

일간

갑목은 양기를 뿜내는 나무지요. 하늘을 향해 쭉쭉 곧게 올라가려는 나무입니다. 늦가을에 나온 갑목은 자신의 소망을 실현하는 것이 쉽지 않습니다. 줄기와 둥치를 튼튼히 만들고 싶은데 계절이 도와주지 않습니다. 갑목이 제발 한 번만이라도 역량을 펼칠 기회를 허락해달라고 호소해도 늦가을은 나무가 자라는 시기가 아니라며 무시해버립니다.

가을겨울은 나무가 품은 생명의 기운이 뿌리로 돌아가는 때입니다. 나무가 쑥쑥 클 수 있는 계절은 아니지요. 일간과 계절의 관계를 따지다보니 왠지 분위기가 숙연해지는 것 같습니다.

격

戌토의 지장간 정기는 戌토니 재성격이군요. 재성격은 일간이 강하면 재물이 주는 혜택을 누릴 수 있습니다. 이분의 경우는 좀 다릅니다. 건조하고 거친 술토에 짓눌려 있는 허약한 갑목의 처지에서 한 번 생각해보기 바랍니다. 토 재성보다는 수 인성에 마음이 끌릴 수밖에 없습니다. 자신이 약하면 재물이 부담스럽습니다. 이것을 재다신약財多身弱이라 일컫습니다.

육친에서 다른 내용이지만 다시 떠올려봅시다. 재성은 많다고 좋은 것이 아닙니다. 있다고 다 누리는 것도 아니지요. 재성도 일간에게 이것저것 요구하는 것이 많습니다. 나를 소유하기 전에 나를 제어할 수 있는 능력부터 갖추라고 압박합니다. 재다신약의 관계에서 일간은 재성에 대한 고민을 할 수밖에 없습니다.

결론

일간이 약하다 보니 水에 의지하게 되었습니다. 대운에서 해자축과 인묘진으로 水木 대운이 이어지는군요. 부유한 가정에서 태어나고 자라 일간의 역량을 발휘할 수 있습니다.

그러나 명식의 문제를 완전히 해결한 것은 아닙니다. 이 사주는 토가 많다고 했지요. 그럼 토 기운을 빼낼 금을 확보해야겠군요. 지지에 금이 들어오면 토도 다스리고 수를 흘려보낼 통로까지 마련하는 것이 되니까요. 즉 술토와 축토가 금의 도랑으로 이어지면 일간 갑목은 수 에너지를 지속해서 공급받을 수 있습니다. 이런 과정을 생각하면 이분이 부친의 염원인 대북사업에 뛰어든 것도 이해할 수 있습니다.

이분의 연과 월에는 인성과 재성이 있습니다.

여기서 흥미로운 점이 보입니다. 대북사업 자체가 인성과 재성이 함께 동원되는 일이라는 겁니다. 연월에 인성이 있으면 윗사람의 뜻을 따르려는 의지가 강합니다. 게다가 그 인성이 일간에게 꼭 필요한 오행이지요. 재성은 어떤가요? 이 사주는 재성이 부담스러운 운명이지요. 하지만 대북사업만큼은 재성으로 다가오기보다는 인성과 재성이 함께 추진하는 일로 생각될 수 있습니다.

실향민이었던 부친이 고향 땅 이북에서 하고 싶어 했던 사업을 일간은 완수하고 싶었을 겁니다. 그것은 윗사람의 뜻도 따르면서(인성 水가 가동) 일간의 역량으로 영역도 개척(재성 土가 작용)하는 것이니까요. 일간 갑목이 힘든 사업을 계속 이어가려 했던 것에는 이런 운명적 메커니즘도 작동했을 것입니다.

58세 이후는 土 대운입니다. 봄 계절 끝이 토와 겹친 무진대운입니다. 재다신약 일간이 부담스러운 재성을 만나게 되었습니다. 진행하는 사업이 어려울 수밖에 없겠지요. 그런 조짐은 이미 무진대운에 들어서기 전, 정묘대운 후반부터 나타납니다. 일간의 입장에서는 시간이 흐르면 개선될 것이라 생각할 수 있습니다.

무진 기사 경오 신미로 이어지는 대운의 흐름을 보면 지지에 金이 없습니다. 일간이 기대하는 바를 실현하기는 어려워 보입니다. 기업 경영이 순탄치 않을 것임을 예상할 수 있습니다.

75乙卯년 11월 현대중공업을 시작으로 현대건설을 거쳐 81辛酉년 현대상선 대표이사를 맡으며 경영에 나섰습니다. 대운에서 수목 운이 이어져 20년 이상 열심히 활동했고 능력을 검증받은 셈이지요.

98戊寅년 그룹 공동회장 취임에 맞춰 금강산 관광 개발 사업을 포함한 대북사업을 지휘했습니다.

현대그룹이 분열의 시발점이 된 2000庚辰년 3월, 공식적으로 현대그룹을 이어받았으나 2000년 6월 현대아산 회장 취임 이후 대북사업으로 심각한 자금난을 겪습니다. 불법송금 문제는 이 과정에서 나왔습니다.

대북사업이 난항을 겪으면서 현대그룹도 경영난에 시달립니다. 그러던 차에 2002년 9월, 대북사업과 관련한 불법송금 사건이 터지면서 이듬해에 검찰 조사를 받았습니다.

경영 악화로 고통 받던 중에 다시 정치자금 문제까지 불거졌으니 심적 부담감을 견디기 어려웠을 것입니다. 남아있는 대운도 불편함만 가중시킬 재성 토가 버티고 있어 안타까운 일이 발생한 것으로 이해할 수 있습니다.

다음은 고시에 합격한 사람의 운명을 따져보겠습니다.

법원 사무관 연월의 도움 없이 자기 길을 개척한 운명

양력 1963년 8월 22일 유시 출생(남성)

시	일	월	연
己	丁	庚	癸
酉	酉	申	卯

土	火	金	水
金	金	金	木

식상	일간	재성	관성
재성	재성	재성	인성

대운

癸	甲	乙	丙	丁	戊	己
丑	寅	卯	辰	巳	午	未
수	목	목	화	화	토	토
토	목	목	토	화	화	토
	65	55	45	35	25	15	05

일간 丁화가 金이 지배하는 가을에 태어났습니다.

명식을 보면 일간을 도와주는 오행은 별로 없습니다. 억제하는 오행만 잔뜩 있습니다. 태어나고 자라는 시기에 가정형편이 나빴을 것입니다. 음양의 강약을 굳이 계산하지 않아도 木火를 보충해야 하는 구조임을 예상할 수 있습니다.

10년 단위로 오는 대운을 살펴보지요. 火만 오는 것은 나쁘지는 않으나 문제를 해결할 수는 없습니다. 土와 火가 오는 것도 도움이 되지 않습니다. 다만 연운에서 木이 강화되면 일간이 안정감을 찾을 수는 있습니다. 土와 金이 오거나 金水가 오는 것은 가뜩이나 균형이 깨진 구조를 더욱 엉망으로 만듭니다. 그렇게 생각하면 기미 무오 정사로 이어지는 여름대운은 기대할 게 없습니다. 35세 이후 병진 을묘 갑인으로 이어지는 봄대운이 가장 편안한 시기입니다.

격은 재성격입니다.

이 사주의 가장 큰 약점은 월을 차지한 재성 金이 연의 木을 극한다는 것입니다. 이렇게 되면 자라는 동안 부모의 도움을 받기 어렵습니다. 연월이 함께 힘을 모아 일간을 도와야 하는 마당에 월이 연을 압박합니다. 재성이 인성을 날려버리는 모습입니다. 부모가 제 역할을 하기 어렵습니다. 그래서인지 어머니가 일찍 돌아가시고 아버지도 무력한 편이었습니다.

사주 구조로만 판단하면 부친이 자식들에게 짐을 지우는 상황입니다.

인생 여정

법대 진학

　2남 1녀 중 큰아들이었던 이분은 인문계 고등학교를 나와 1982년, 국립대 법학과에 입학했습니다. 법학을 공부해 고시에 합격하면 많은 것이 달라질 거라 믿었겠지요. 가진 것 없는 사람이 시험 하나로 자신을 둘러싼 주변 환경까지 바꿔놓을 수 있었던 때였으니까요.

　장남이 법학을 공부하고 있으니 당연히 고시에 도전할 것이고 한시라도 빨리 합격하기를 식구들은 눈이 빠지게 기다렸습니다. 본인도 빨리 합격해서 동생들 학비도 지원해주고 싶고 집안에 도움이 되고 싶었을 겁니다. 그래서 재학 중에도 계속 시험에 도전했습니다.

　나이가 돼 군대를 다녀왔고 시간이 흘러 졸업도 했습니다. 그러는 동안에도 시험은 빠지지 않고 매년 응시했습니다. 중간중간에 1차 시험은 몇 번 붙었습니다만 2차 시험에는 통과하지 못했습니다. 그래서 다시 1차 시험 준비를 하며 세월을 보냈습니다.

쪽집게 도사?

　이분의 명식을 보고 고시에 합격할 수 있으니 끝까지 매진해 보라고 얘기하기는 매우 어렵습니다. 실제로 사주를 잘 본다는 사람들도 이분의 고시합격 여부에 대해서는 부정적 의견을 내놓았습니다. 합격할 수 없는 명식으로 판단했던 거지요. 딱 한 사람만 51퍼센트의 가능성이 있다고 했습니다. 49퍼센트는 떨어질 확률이 있다는 말이군요. 물론 이분은 자신의 합격 가능성이 얼마나 되는지 전혀 모르는 상황에서 시험에 도전했습니다.

이 사주의 일지를 보면 재성이 있지요.

일지가 배우자 자리인데 재성이 일지에 나와 있습니다. 이것은 두 가지로 해석할 수 있습니다. 재성이 부담스러운데 일지에까지 재성이 있다는 생각, 재성이 부담스럽더라도 일지가 배우자 자리이니 그곳에 재성이 있는 건 당연하고 또 다행스럽다는 의견입니다. 여러분은 어느 해석에 마음이 기우나요?

실은 둘 다 일리 있는 설명입니다. 다만 결과를 놓고 보면 두 번째 견해에 조금 더 힘이 실립니다. 35세인 정축년에 함께 공부하던 후배와 결혼을 했습니다. 그해에 자식도 낳았습니다. 결혼을 하고 나서는 아내가 생활을 꾸려나갔습니다. 남편이 시험공부에만 매진할 수 있도록 지원을 했던 거지요.

이 상황은 일간에게 엄청난 부담으로 작용합니다. 가정이 생겼으니 심리적 안정도 얻고 공부도 더 잘 될 것 같지만 운명구조를 생각하면 그게 말만큼 쉽지 않았을 겁니다. 다행히 丙辰대운이 2년 경과한 1999년 己卯년에 37세 나이로 법원사무관 시험에 합격하였습니다. 목화가 약한 사주인데 대운에서 목의 뿌리를 튼튼히 만드는 진토가 있고 연운에도 묘목이 있으니 卯辰으로 연결돼 목이 강화됩니다. 분명히 문제를 해결해줄 수 있는 좋은 해라고 기대할 만합니다. 하지만 그것이 고시합격이라고 딱 집어 말하기는 어렵습니다.

명식에서 木火의 균형이 너무 깨져 있어 운이 아무리 영향을 미친다하더라도 고시에 합격하는 것은 어려울 것으로 판단하기 쉽습니다. 여기서 이분이 고시에 합격한다는 쪽으로 이야기한 사람의 얘기를 해야겠군요. 그분의 해석은 이렇습니다.

일간이 약한 정화인데 사주에는 인성도 없고 재성 금만 있으니 시험을 통과하기 어렵다고 볼 수밖에 없다. 나도 처음에는 불가능하다고 생각했다. 다만 35세 이후 운의 흐름이 무난해서 사회적 활동을 하는 것은 별 문제가 없다고만 판단했다.

그런데 몇 개월간 계속 고민을 하다가 다시 생각해보니 이 사람의 운이 괜찮은 때가 너무 늦다는 거다. 현실적으로 마흔이 가까운 사람을 신입사원으로 받아주는 회사는 많지 않다. 더욱이 기술직도 아니고 사무직 공채로 들어가야할 테니 말이다. 그렇다고 고시공부만 한 사람이 그것도 재성이 부담스러운 구조로 장사를 한다는 것도 그려볼 수 없었다. 만약 그럴 가능성이 있었다면 서른 전에 그 길로 들어섰을 것이다. 내가 이 사람의 고시 합격 가능성을 판단했던 때는 그가 만 서른이 된 해였다. 그때 내린 결론은 이랬다.

남아있는 대운 흐름을 감안할 때 합격한다는 쪽으로 얘기하는 것이 맞다. 하지만 정사대운 중에는 합격이 힘들다. 대운 지지의 사화는 명식의 유금과 결합해 재성 금으로 작용한다. 천간의 정화도 일간과 같은 오행이다. 이것은 일간이 비슷비슷한 무리들 속에 섞여 있지만 자기만의 차별성을 만들어내지 못하는 상황을 의미한다. 물론 정사대운 중에도 연운에서 목이 들어오면 1차 시험은 합격하겠지만 2차까지 통과한다고는 장담할 수 없다.

병진대운에 진입하면 상황이 개선될 것이다. 98년 무인년과 99년 기묘년이 결과를 만들어낼 수 있는 시기다. 그러나 그때까지 계속 시험공부를 하기가 쉽지 않을 것이다.

이런 내용의 이야기는 전해주기도 난감하고 그렇다고 아예 아무 말 하지 않는 것도 어렵지요. 합격한다고 하면 당장 그게 언제냐고 물어볼 텐데 그렇다고 당분간은 합격이 어렵지만 눈 딱 감고 10년 공부하면 가능성이 아주 조금은 있다는 그분의 생각을 저는 그대로 전달할 수 없었답니다. 그래서 대충 얼버무렸습니다. 다만 가능성 쪽에 비중을 두면서도 시기를 아주 모호하게 얘기하고 말았지요.

실은 그 가능성이라는 것에 대해 저도 완전히 확신할 수는 없었답니다. 그러는 사이 세월은 흘러 병진대운이 되었습니다. 정사대운 중에도 시험은 계속 봤지만 결과는 없었답니다. 그분이 말씀하신 98년과 99년도 그냥 지나가버리는 것 같았지요. 사법시험 1차도 통과하지 못했다는 소식을 들었거든요.

그러다 그해 겨울에 우연히 이분의 그 다음 얘기를 전해 들었습니다. 사법시험에 떨어질 즈음 법원사무관 시험에 응시했던 모양입니다. 다행히 그 시험에서는 1, 2차를 모두 통과해 곧 연수를 받게 된다는 것이지요.

20대 초반부터 시작해 30대 후반에야 뜻을 이루었습니다. 너무도 힘겨운 시간을 보내고 나서 아주 어렵게 얻어낸 결과입니다.

이 사주를 소개하는 데는 두 가지 이유가 있습니다.

하나는 사주를 해석하는 것이 정말 어렵다는 것, 다른 하나는 연월의 조건이 피폐한 상황에서 일간이 자신의 활동 무대를 만들어내는 것이 이처럼 고생스럽다는 것을 말하고 싶어서입니다.

사주를 해석하는 것은 정말 쉽지 않습니다. 그래서 사주 탐구는 계속 하면서도 남의 운명을 판단하는 일은 꺼리는 사람들이 많습니다. 또 대부분의 사람들은 합격하지 못할 거라 말할 때 합격할 거라 얘기한 그분이 있었던 것처럼, 이 세상에는 남의 사주를 정말 잘 보는 족집게 도사가 있을 것이라 착각해서도 안 됩니다.

연월의 문제를 해소할 수 있는 일간

선조들이 좋은 환경을 만들어 놓으면 후손은 운명을 수월하게 타고날 것입니다. 그렇지만 우리 주변을 둘러보면 연주와 월주를 무난하게 타고나는 사주는 그다지 많지 않습니다. 우리들 대부분은 흠결이 많은 사주로 태어납니다. 그래서 이것저것 시도해보지만 손대는 것마다 잘 안 됩니다. 겨우겨우 살아가고는 있지만 불만만 쌓이고 그러다 보면 조상 탓도 하고 부모 탓도 합니다. 물려줄 것도 없는데 자식은 왜 낳았냐고 하면서 말입니다. 특히 요즘처럼 돈이 전부인 세상에서는 더욱 그렇습니다.

그러나 열악한 사주를 타고나는 경우 즉 연월이 일간을 돕기는커녕 오히려 해를 입히는 구조 속에서도 일간의 태도에 따라 삶은 달라질 수 있습니다.

연월은 앞선 기운입니다. 강하게 영향력을 미치기는 하지만 과거 세대이지요. 선조들에게 따지고 싶지만 그러려면 내가 그들과 대면할 수 있어야 합니다. 시간을 돌려놓아야 하는 것이지요. 그게 가능하지도 않지만 혹여 그럴 수 있다 쳐도 문제가 있습니다.

내가 부모를 탓하고 조부를 탓한다고 해봅시다. 그 조부는 다시 그 윗대를 향해 따질 수밖에 없습니다. 따지고 또 따져 계속 올라간다고 해볼까요? 그럼 무덤 속의 조상들 모두를 깨워야할지도 모릅니다. 이럴 바에는 차라리 인식 주체인 일간이, 현재 시간을 부여받은 일간이, 그래도 삶을 개선해나갈 가능성이 남아 있는 일간이 자신의 운명도 개척하고 선조들의 불편한 환경도 조금씩 해소해나가겠다는 자세로 살아가는 것이 가장 좋은 해결책입니다.

이분이 고시에 합격한 것은 그런 태도로 살았기 때문인지도 모릅니다. 합격하기 전까지 실제로 부친을 단 한 번도 원망한 적이 없고 궁핍한 환경을 비관한 적도 없었습니다. 자신이 역할을 못하는 것을 안타까워했습니다. 아무리 좋은 운이 배치돼 있어도 일간이 연월을 못마땅해 하며 운만 기다리고 있었다면 합격도 힘들지만 공부도 중도에 포기하고 말았을 것입니다.

삶을 대하는 일간의 태도와 의지에 따라 일의 승패는 얼마든지 달라질 수 있습니다. 연월에서 기대할 것이 없는 구조는 기댈 언덕이 없기에 일간 스스로 해결해야 할 일이 많습니다. 일간의 정체성이 분명해집니다.

자신의 인생도 꾸려야 하고 선조의 기운도 환기해야 하고 후손의 환경도 자기가 받은 것보다는 낫게 만들어 주어야 하니까요. 한눈팔고 있을 시간이 없습니다.

여기서 오해하면 안 되는 것이 있습니다.

고시에 합격했다고, 남은 대운이 평탄하다고 이분의 인생이 화창한 봄날로 이어지는 것은 아니라는 것입니다. 안정된 직업은 얻었지만 고민이 많을 것입니다. 그가 하는 고민 중에는 연월과 관련된 문제가 큰 비중을 차지할 것입니다.

이 사주가 시사하는 것은 많습니다.

풀어나가기 어려운 사주로 태어나도 섣불리 비관부터 할 일은 아니라는 것, 현재 시간을 살아가는 일간이 정신을 똑바로 차려야 한다는 것, 오래 전 조상대부터 켜켜이 누적돼 온 문제라 한꺼번에 해결할 수 없다하더라도 외면하지 말고 해결의 실마리를 찾아내야 한다는 것 등입니다.

이분은 명식을 무척 어렵게 타고난 사람입니다.

법대를 갔으니 고시를 생각했겠지만 다른 길을 택했더라도 삶을 대하는 태도가 고시를 준비할 때와 다르지 않았을 것이니 무엇이든 이루었을 것입니다. 그래서 자기 힘으로 집안도 일으키고 자식에게는 더 나은 환경을 제공해주겠지요. 그 자식은 또 이분이 겪었던 시간보다는 덜 고생스럽게 자신의 인생을 열어갈 것이고, 이분의 손자들은 또 조금 더 나아진 환경을 만들어갈 것입니다.

연월일시로 구성되는 사주라는 환경은 이렇게 아주 느리고 답답한 방식으로, 그래도 조금씩 나아지는 흐름으로 이어지고 있습니다. 우리 인생이 그런 것처럼 말입니다.

고시에 합격한 사주를 하나 더 보겠습니다.

검사 기댈 언덕이 있어 목표를 쉽게 이룬 운명

양력 1972년 5월 26일 축시 출생(남성)

시	일	월	연
辛	丁	乙	壬
丑	巳	巳	子

金	火	木	水
土	火	火	水

재성	일간	인성	관성
식상	비겁	비겁	관성

대운

壬	辛	庚	己	戊	丁	丙
子	亥	戌	酉	申	未	午

수	금	금	토	토	화	화
수	수	토	금	금	토	화
64	54	44	34	24	14	04

바로 앞에서 살펴본 사람과 연월의 조건을 비교해볼 수 있습니다.

음양의 균형을 따져보겠습니다.

일간 丁화가 여름에 태어났습니다. 목화와 금수의 배합을 따지면 목화가 강합니다. 금수가 필요한 구조입니다. 인성인 木이 좀 약해 보이기는 합니다만, 이것이 문제가 되지는 않습니다. 연월에서부터 오행이 거침없이 상생하는 구조를 이루기 때문이지요. 유복한 가정에서 부족함 없이 자랐습니다. 경제활동을 하기 어려운 어릴 때부터 자신 명의의 재산도 많았습니다.

이분은 법학을 전공하지 않고 경영학을 공부했습니다.

25세부터 사법고시 준비를 해 27세에 1차 시험에 합격하고 28세에 2차에 합격했습니다. 그때가 戊申대운 己卯년이었습니다. 일간 정화가 뜻을 이루는데 방해하는 요소가 별로 없습니다. 대운의 흐름도 가을과 겨울로 이어지고 있습니다.

다음은 대학교수의 사주를 보겠습니다.

교수 지식과 정보를 분명하고 명확하게 전달하는 운명

양력 1965년 4월 11일 해시 출생(여성)

시	일	월	연
丁	乙	庚	乙
亥	未	辰	巳

火	木	金	木
水	土	土	火

식상	일간	관성	비겁
인성	재성	재성	식상

대운

丁	丙	乙	甲	癸	壬	辛
亥	戌	酉	申	未	午	巳
화	화	목	목	수	수	금
수	토	금	금	토	화	화
68	58	48	38	28	18	08

늦은 봄에 태어난 을목입니다.

음양의 균형을 따져보지요. 월지에 진토가 있어 저수지는 확보한 셈이지만 물이 별로 없습니다. 월간이 경금이니 저수지에 물 대신 큰 바위가 놓여있는 모습입니다. 연주도 乙巳로 木火입니다. 일지도 건조한 未토고 시에도 丁화가 있습니다. 다행히 시지에 亥수가 있지만 전체적으로 보면 양의 기운이 많으므로 金水가 필요한 구조입니다.

사오미로 흐르는 여름대운은 부담스러운 시기입니다. 그래도 공부하고 직업을 선택하고 배우자를 만나 가정을 갖는 것에 큰 어려움이 없었습니다. 이것은 대운 천간이 辛壬癸로 이어져 지지의 열기를 누그러뜨리는 작용을 해주었기 때문입니다.

학부에서 전자계산학을 공부했고 대학원에서는 컴퓨터 공학을 전공해 박사 학위를 받았습니다. 대기업 전산실에서 근무했고 직업전문학교 교사를 거쳐 현재 대학에서 학생들을 가르치고 있습니다.

38세부터 들어오는 金 대운에 많은 것을 이루었습니다.

빼어난 식상

이 사주의 장점은 일간 을목이 자신의 재능을 펼쳐 보일 수 있는 火를 갖고 있다는 것입니다. 木은 태어난 계절이 어느 때건 간에 火가 천간에 하나 정도는 나타나는 것이 좋습니다. 나무가 꽃을 피운 모습이니까요.

오행의 변화과정을 보더라도 그렇지요.

木에 火가 없다면 팽창을 하려다 그만 미적거리는 꼴[21]이 되고 맙니다.

을목에 정화가 있다는 건 정화에 해당하는 재능으로 인정받는 것을 의미합니다. 이처럼 나무에게 꼭 있어야 하는 火와 水를 시에서 한꺼번에 해결해 주었습니다. 시 하나가 명식의 순환을 이끌어가고 있습니다. 정화가 말 잘 하는 식상 역할을 톡톡히 해내서 그런지 이분은 가는 곳마다 수강생들로부터 찬사를 받았습니다.

월지에 토가 있으니 격은 재성격입니다. 학문을 기반으로 재물을 모을 수 있습니다. 사주에 넓은 땅을 의미하는 토가 많으니 학원을 운영하거나 자신의 이름을 걸고 하는 교육사업도 생각해볼 수 있습니다. 목이 있으니 사람이 몰려들 것이고 화가 있으니 실력을 발휘할 것입니다.

표현력이 뛰어난 을목 일간을 하나 더 보지요.

---

21 물론 예외는 있습니다. 말라 죽을 것 같은 나무라면 火대신 水를 바라겠지요.

문화센터 강사 자신에게 부과된 책임과 의무를 재주와 능력으로 바꿔낸 운명

양력 1961년 12월 18일 술시 출생(여성)

시	일	월	연
丙	乙	庚	辛
戌	酉	子	丑

火	木	金	金
土	金	水	土

식상	일간	관성	관성
재성	관성	인성	재성

대운

丁	丙	乙	甲	癸	壬	辛
未	午	巳	辰	卯	寅	丑

火	火	木	木	水	水	金
土	火	火	土	木	木	土
66	56	46	36	26	16	06

구조 분석

일간

겨울에 태어난 乙木입니다.

음양의 균형을 따질 것도 없이 목화가 필요한 사주입니다.

연월은 얼어붙은 형상인데 다행히 시에 丙화가 있어 을목이 꽃을 피울 수 있게 되었습니다. 木은 土가 있어야 뿌리를 내릴 수 있지요. 뿌리가 탄탄하지 않으면 둥치가 안정되기 어려우니 줄기와 가지를 마음껏 뻗을 수 없습니다. 또 水가 있어 에너지를 공급받아야 하고 火도 갖추어야 아름다움을 한껏 발휘할 수 있습니다. 그런 다음 金으로 가지치기를 해주면 단정한 꽃나무로 칭송받을 것입니다.

격

월지에 수가 있어 인성격으로 볼 수 있습니다만, 이 경우는 시에 나와 있는 식상 火가 재성 土를 상생하는 식상생재로 보는 것이 좋겠습니다. 식상생재라면 직업선택이 중요하겠지요. 조직에 소속돼 활동할 것인지 자신의 이름을 걸고 자유롭게 영역을 개척해나갈 것인지 결정해야 합니다.

화가 식상이니 말을 많이 하는 일을 할 것 같은데 이분이 무슨 직업을 가지면 좋을지 명식을 보며 생각해보세요. 월지는 인성이 있고 시간에는 식상이 강하게 자리 잡고 있지요.

대학에서는 교육학을 공부했습니다. 대운도 초반에는 임인 계묘로 흘렀습니다. 인성의 영향이 있었다고 봐야겠지요. 그럼에도 교사의 길을 걷지 않았습니다. 금 관성이 부담스러운 구조라 조직의 통제를 불편하게 여길 수 있습니다. 자신의 재능과 역량을 믿고 식상의 길을 택했을 것입니다.

처음에는 대학원에 진학해 학교에 남는 쪽을 고려했습니다. 그러던 중 연애를 하고 결혼을 해서 아이를 낳고 키우느라 정신없었습니다. 그게 다가 아닙니다. 시부모와 시조부모까지 모셨답니다. 이분의 남편은 차남입니다. 맏며느리가 따로 있는데도 둘째며느리가 어른들과 함께 살았던 거지요.

식상, 재성, 관성이 맞물려 돌아가다

명식에 관성 금이 많습니다. 관계로 보면 남편이지요. 여성에게 시댁은 재성을 의미합니다. 이분이 시댁에서 하는 역할은 관성과 재성이 결합된 것이겠군요.

흥미로운 건 일간 을목이 부담스러울 수밖에 없는 시댁의 일을 싫은 내색 없이 흔쾌히 감당한다는 것입니다. 이것은 이분의 심성이 고와서이기도 하겠지만 명식에서도 이유를 찾을 수 있습니다. 이분에게 식상 화는 매우 중요합니다. 식상은 재주와 능력도 되지만 몸수고를 의미하기도 합니다. 그 식상이 시에 분명하게 나와 있으니 일거리가 많습니다. 자신의 활동을 기다리는 데가 많다는 것이지요.

재성을 살펴보지요. 연지에는 습토인 축토, 시지에는 건조한 술토가 있군요. 연의 축토는 크게 도움이 된다고 하기 어렵지만 시의 술토는 필요하기도 하고 또 잉여가치도 만들어냅니다. 나의 활동 즉 식상이 향하는 목적지가 바로 이 술토 재성이라 볼 수 있습니다.

그렇지만 모든 일은 순서가 있으니 시의 술토가 제대로 기능하려면 연의 축토를 먼저 거쳐야 합니다. 연은 조상의 기운이지요. 이분에게 축토는 혼인 이후 생긴 시댁의 어른들도 의미합니다. 시어른을 받들어 모시는 것은 축토가 일간에게 내려준 과제물인지도 모릅니다. 그 임무를 무사히 치르고 나면 시주가 힘을 발휘합니다. 지금까지는 을목의 에너지를 소진시켰던 병화였다면 이제부터는 능력을 꽃피우는 병화가 되는 겁니다. 식상 병화가 활약하기 시작하면 술토는 일간에게 명성을 안겨주고 또 재물도 가져다줍니다. 술토가 나의 활동무대가 되는 것이지요.

자연스레 생긴 직업

갑진대운부터 이분의 일상에 변화가 생깁니다. 집안 일로 바쁜 와중에도 자기를 위한 시간을 만들어 제과 제빵 기술을 배웠습니다. 아이들 간식을 직접 만들어주겠다는 생각으로 시작한 일인데 내친 김에 자격증도 땄습니다. 과자를 만들고 빵을 굽는 일이 재미있어서 그 일을 계속 하면서 돈도 벌고 싶더랍니다.

여기서 고민이 생기겠지요. 빵을 굽는 일로 돈을 버는 것도 두 가지 길이 있잖아요? 직접 제과점을 차려 운영을 하는 것과 기술을 가르쳐주는 일, 즉 강사가 될 수도 있으니까요. 제과점을 차리려면 목돈이 들어가기 때문에 우선 강사가 되기로 했습니다. 그렇지만 경력이 없다 보니 당장은 조수로 갈 수밖에 없었겠지요. 제과기술학원에서 보조 교사로 활동하며 이력을 쌓아가던 중, 서울 근교에 있는 여성문화회관에서 제빵 강사를 모집한다는 공고를 보고 원서를 냈습니다. 교육 경험이 없기는 하지만 그래도 교육학을 전공했다는 점을 고려해 1년간 제과 제빵 강사로 채용되었습니다. 다행히 수강생들로부터 "선생님이 정말 잘 가르쳐준다. 이분 설명대로 하면 빵이 맛있다."는 입소문이 돌았습니다. 그러자 다른 도시에서도 이분 수업을 듣기 위해 원정까지 오는 상황이 벌어졌지요. 식상이 병화라서 그런지 자신이 스스로 알리고 다니지 않아도 빛이 고루 퍼져 나가는 거 같지요? 다음 해부터는 소도시 몇 군데와 백화점 문화센터에서도 강좌 개설을 요청해왔습니다.

그럼 이분은 하고많은 음식 중에 왜 빵을 구웠을까요?

시에 마른 흙 戌토가 있고 달아오르는 丙화가 있어서 밀가루를 반죽해 오븐에 구워내는 기술을 배웠던 것으로 유추할 수 있습니다. 또 그 기술을 말 잘하는 식상을 활용해 남들에게 가르치는 일까지 하게 되었습니다. 이분은 제빵 강사로 활동하면서 다시 대학원에 진학했습니다. 지금은 대학 강의도 병행하고 있습니다.

이 명식은 따뜻한 火土운이 가장 좋습니다. 대운 흐름을 보면 천간에 金水가 비치는 신축 임인 계묘에서는 일간이 능력을 발휘하기 어렵습니다. 갑진대운은 변화의 싹을 만들어냅니다.

46세 이후 을사 병오 정미로 이어지는 30년간의 火운은 기대할만 합니다. 이분의 활동도 왕성해지겠지만 자식과 남편도 빛을 발하는 시기입니다.

관성의 역량

　남편의 직업은 공과대학 교수입니다. 이 얘기를 하는 데는 이유가 있습니다. 명식만 보면 남편이 제대로 역할하기 어렵다고 판단하는 사람이 분명 있을 테니까요. 그렇게 생각하는 근거는 식상이 중요한 사주인데 이 식상이 관성을 극할 거라는 유추를 하기 때문입니다. 식상이 관성인 남편의 활동을 억누른다는 얘기를 이 명식에는 적용하기 어렵습니다.

　관성이 金일 때 식상은 火가 됩니다. 금 관성은 화가 자신을 달구는 것을 신경 쓰지 않습니다. 개의치 않는 정도가 아니라 외려 자극해주기를 바랍니다. 식상 화는 관성인 금을 제어하는 관성이기도 하니까요. 졸장부라면 모를까 강한 경금의 입장에서는 불로 연단받기를 좋아합니다.

　일간 을목이 사오미 대운에서 활약할 때 남편도 단과대학 학장 정도는 될 수 있을 것입니다.

방송인, 국회의원 빛을 반사시키며 반짝거리는 운명

양력 1967년 10월 24일 묘시 출생(남성)

시	일	월	연
辛	辛	庚	丁
卯	酉	戌	未

金	金	金	火
木	金	土	土

비겁	일간	비겁	관성
재성	비겁	인성	인성

대운

癸	甲	乙	丙	丁	戊	己
卯	辰	巳	午	未	申	酉

수	목	목	화	화	토	토
목	토	화	화	토	금	금
65	55	45	35	25	15	05

구조 분석

계절도 가을 金이 지배하고 있는데 사주에도 金이 너무 많습니다.

음양의 균형을 따져봅시다. 水는 없지만 금이 가득해 木火가 필요한 구조입니다. 木火 운이 오면 빛이 나는 명식입니다.

빛을 받고 빛을 발하다

일간은 반짝거리는 보석, 辛금입니다. 월일시에도 일간과 같은 금이 있습니다. 금이 모여 있으니 직업군인이나 경찰관이 되는 것도 가능합니다. 월지를 차지한 戌토를 함께 고려한다면 세무서나 국세청 같은 곳에서 근무하는 모습도 생각할 수 있습니다.

이분은 방송국에서 아나운서로 근무하면서 뉴스 진행도 하고 오락 프로그램도 맡았습니다. 목화가 부족하고 금만 강한 명식으로 어떻게 방송인이 되었을까요? 그것도 제작부서가 아닌, 얼굴을 화면에 내비치는 역할로요.

이분의 일간은 신금이었지요. 신금은 단단하고 광택이 있는 결정체와 같습니다. 丙丁화의 빛을 받아 반사시킬 수 있습니다. 명식에서는 연간의 丁화 말고는 빛이 없습니다만 연의 기운이다 보니 무시할 수는 없습니다. 방향성을 제시해주는 것으로 보아야 합니다. 그래도 그것만 가지고는 부족합니다. 월이 연의 정화를 가로막고 있으니까요.

월은 부모의 상황을 알 수 있는 곳이지요. 사주의 분위기로만 보면 이분은 월의 영향을 받고 군인이나 경찰관, 검사나 판사가 되기 쉽습니다. 그게 일간에게 어울리는 일이기도 하고요. 재미있는 건 이분의 부친이 정말 군장성 출신이라는 것입니다.

이분이 방송진행자로 활동할 수 있었던 건 25세부터 30년간 이어지는 여름대운이 작용했기 때문입니다. 정미 병오 을사로 흐르는 시간들이 일간 신금을 돋보이게 만듭니다. 신금 일간은 이 시기에 많은 것을 이룰 수 있습니다.

경계 내에 머물다

격은 술토의 정기가 무토니 인성격입니다.

인성격은 식상격에 비해 단정하고 반듯하지만 활달함은 부족합니다. 특히 이분처럼 관성을 필요로 하는 구조는 더욱 그렇습니다. 이 사주에서 화 관성은 이중성을 띱니다. 신금을 환하게 비춰주면서도 관성이다 보니 제어도 합니다. 일간 스스로 자기검열을 하게 만듭니다. 더욱이 식상 수가 없는 명식이다 보니 쇼프로나 오락프로를 진행할 때도 공격적 표현이나 출연자를 난처하게 만드는 질문을 하는 것이 쉽지 않습니다.

식상도 없는데 관성은 또 있어야 하니 일간으로서도 좀 난감할 것입니다. 이처럼 관성이 용신인 사람은 조직에 소속돼 있는 것이 좋습니다. 식상이 결여된 구조라면 더욱 그렇습니다.

水는 뻣뻣한 금을 녹여내지요. 달아오르는 火의 조급함도 조절하고 木을 배양하는 역할도 합니다. 수는 어디든지 스며들어 분위기를 잘 맞춥니다.

이분은 98년부터 프리랜스로 활동하고 있습니다. 방송활동은 하되 통제는 덜 받게 된 셈이니 자유로울 것 같지만 식상 없이 木 재성을 벌어야 하니 일간이 느끼는 피로감은 큽니다. 대운 흐름이 무난해 일은 끊이지 않고 이어지지만 직장인일 때보다는 신경 쓸 일도 많고 나가는 돈도 많습니다. 조직은 나왔지만 압박감은 여전히 이어집니다. 직장에 있을 때는 자신을 직접적으로 통제하는 대상이 누구인지 분명히 파악할 수 있지만 프리랜서가 되고 나면 세상 사람 모두가 자신을 지켜보며 관리하는 것 같습니다.

병오대운 무자년 2008년에는 국회의원에 당선돼 여당 소속의원으로 4년간 의정활동도 했습니다. 그 다음번 선거에는 무소속으로 출마해 낙선했습니다. 사주 구조로 판단하면 정당 소속 후보로 선거에 나가는 것이 당선 가능성이 더 높습니다.

55세부터 30년간은 갑진 계묘 임인으로 이어지는 봄 대운입니다. 비겁이 많은 구조에 재성 운이 오는 것이지요. 금과 목의 원만한 관계를 위해 일간의 노력이 필요한 때입니다.

방송국 PD 인식의 주체가 되기를 단념한 운명

양력 1972년 2월 27일 22시 출생(남성)

시 일 월 연
癸 戊 壬 壬
亥 子 寅 子

水 土 水 水
水 水 木 水

재성 일간 재성 재성
재성 재성 관성 재성

대운

己 戊 丁 丙 乙 甲 癸
酉 申 未 午 巳 辰 卯

토 토 화 화 목 목 수
금 금 토 화 화 토 목
62 52 42 32 22 12 02

구조 분석

존재감이 약한 일간

아주 특이한 명식입니다.

일간이 戊토인데 월지의 인목을 빼면 온통 水입니다. 흙이 물에 잠겨 있습니다. 이건 일간이 허약한 정도가 아니지요. 이럴 경우 자아 인식이고 정체성이고 다 필요 없습니다. 주장할 수가 없는 상황입니다.

일간은 명식을 대표하는 자리이지요. 나라로 치면 대통령과 같은 위상을 갖습니다. 그런 일간이 자기 위치를 포기해야 한다니 꽤 심각한 사태가 발생한 것입니다. 유명무실한 대통령이 되고 말았으니까요.

이렇게 일간이 인식의 주체이기를 단념한 사주를 종격從格 혹은 외격外格이라 합니다. 외격 사주는 운명을 오랫동안 탐구해온 연구자들도 명확하게 해석을 내리지 못하고 있습니다. 그렇다고 크게 염려할 일은 아닙니다. 외격이든 종격이든 따로 이름 붙일 것 없이 음과 양의 균형에서 이해하면 됩니다.

상식적으로 접근해봅시다. 국가의 사활이 걸린 중대결정을 할 때 대통령이 실권이 없다면 어떻게 할까요? 총리나 장관들이 의견을 모아 일을 처리해나갈 것입니다.

일간의 존재감이 약한 사주에서는 영향을 미치는 오행을 중심으로 중화를 맞추어야 합니다. 일간을 고려하지 않는다고 해서 음양의 균형까지 무시할 수는 없으니까요. 엄밀히 말하면 세력이 강한 오행의 비위를 맞춰주는 것입니다. 치우친 오행을 건드리는 것은 제어하기 어려운 맹수에게 달려드는 것과 같습니다. 그냥 순순히 뜻을 따라주거나 조심조심 달래야 합니다.

일간이 처한 상황

水가 많아 바다가 돼버렸지요. 일간 무토는 넘실거리는 물 위에 외롭게 떠 있는 조그만 섬이 되고 말았습니다. 떠 있다고는 해도 너무 추워 오들오들 떨고 있는데다 주변의 물살이 시도 때도 없이 위협하고 있으니 언제든 물 밑으로 가라앉아버릴 것 같은 아주 위태로운 처지군요.

그래도 월지에 寅목이 있어 어렵사리 버티며 어서 빨리 火가 찾아들기를 고대하고 있습니다. 이 인목마저 없다면 방향성마저 상실한 채, 깊은 물속으로 내려앉고 말았을 것입니다.

木火운이 오면 일간이 자기 목소리를 내면서 조금씩 발전해가는 명식입니다. 다행스러운 건 일간이 공부하고 직업을 찾고 사회에 나가 자신의 영역을 확보해나가는 중요한 시기의 대운 흐름이 순조롭다는 것입니다. 12세부터 갑진 을사 병오 정미로 이어지는 40년간은, 무토가 출렁거리는 물살의 압박을 느끼면서도 조심조심, 어렵사리 자기 길을 찾아나가는 시기입니다.

월지와 대운, 일간을 구하다

월지가 인목이니 관성격에 해당합니다. 그래도 명식을 좌지우지하는 水를 고려해 재성격으로도 봐야겠지요. 이분이 방송국의 프로듀서가 된 건 월지 인목의 영향이 큽니다. 영향력이 큰 월지에서 무토 일간에게 방향성을 제시해주었던 것이지요. 12지의 인목 편에서 寅의 지장간을 설명할 때 영상작업을 하는 방송국을 언급했습니다만 기억이 잘 나지는 않을 겁니다.

물이 가득한 명식에서 월지 인목이 힘을 발휘하려면 운도 거들어야 합니다. 인목이 알려주는 방향감은 일간이 성장해가면서 점점 옅어지고 또 희미해집니다. 실제로 진로를 정하고 공부를 하고 시험을 통과하는 과정에는 대운도 작용했습니다.

이분은 水가 많습니다. 水를 다스리는 방법을 생각해봅시다.

土로 가로막는 것, 火로 증발시키는 것, 木으로 빼내는 것이 있겠지요. 수의 기세를 볼 때 막고 증발시키는 것은 가능하지도 않습니다. 만약 된다고 해도 그 방법은 수의 난동을 불러올 뿐입니다.

가장 좋은 방법은 水生木이지요.

중요한 건 그다음입니다. 수생목 다음의 과정이 이어지지 않으면 수가 목을 향해 나아가다 역류할 수도 있습니다. 일간 무토를 덮쳐버리는 겁니다. 이 문제를 대운에서 해결해주고 있습니다.

12세부터 천간은 갑을병정이 이어지고 지지는 진사오미로 목과 화를 잘 연결시킵니다. 이 과정은 수 재성이 목 관성을 생하고 목 관성은 다시 화 인성으로 나아가는 것입니다. 일간 무토가 방송프로그램을 기획하고 제작하는 일을 하게 된 것은 이런 일련의 단계를 모두 반영해서 나온 것입니다. 부담스럽기만 했던 水를 월지의 인목과 대운의 木火가 합세해 잘 대처해낸 것이지요.

직전에 살펴 본 방송인의 사주는 관성 火가 일간 신금을 비추는 형상이었습니다. 그래서 얼굴을 드러내는 일을 했습니다. 이 사주는 火가 인성이지요. 무토가 자신감을 갖고 자기 일을 할 수 있게 여름대운으로 온 인성이 배후에서 지원해줍니다.

방송 종사자인 점에서는 같지만 화면에 얼굴을 드러내는 관계와 제작진으로 활동하는 사람의 차이점을 엿볼 수 있습니다.

글 뒤에

이제 긴 여정을 끝내야 할 때입니다.

책을 다 읽은 지금, 아마도 당신은 두 가지 다짐을 할 것 같습니다.

먼저 책을 반복해서 읽어야겠다는 생각, 또 삶을 이해하고 운명을 이해하는 데 도움이 되는 의미를 찾아내기 위해 좀 더 섬세해져야겠다는 각오를 하지 않을까 싶습니다.

당신을 맴도는 운명

운명은 이미 당신의 주변을 에워싸고 있었습니다. 일상의 여기저기에 머물고 있었지요. 그걸 잘 몰랐던 당신은 당신 운명의 방관자로 지냈지요. 당신은 이제 자기 운명의 방관자에서 발견자가 되었습니다. 오행과 10간 12지, 관계의 바다(육친), 운명방정식을 함께 읽으면서 운명이 뭔지 어떻게 작동하는지 아주 조금은 알게 되었으니까요.

발견자가 되면 하루하루가 무척 바쁩니다. 나와 연관된 것들을 차곡차곡 모으고 쌓고 분류하면서 나만의 자료창고, 기록보존소를 만들어야 하기 때문입니다.

튼실한 자료창고는 그저 만들어지지 않습니다. 크고 화려한 것, 세상이 좋다고 권하는 것만 좇다 보면 자료창고가 부실해집니다. 그런 창고는 판에 박은, 진부한 창고일 뿐입니다.

자료창고를 만들고 채우는 발견자

나만의 창고를 마련하려면 휙휙 지나가는 시간 속에서 잠시 빛나다 곧 사라지고 마는 것, 사소하다고 무시당하기 쉬운 것들, 작고 하찮고 보잘것없다고 외면받는 것들부터 눈여겨봐야 합니다. 누군가의 발에 허리가 꺾인 개미, 자전거 바퀴에 몸이 잘린 지렁이도 보지 못하고 그냥 지나쳐 버리면 내 운명도 대충대충 볼 수밖에 없습니다. 자료창고에 쌓아놓은 게 별로 없으니 자기 운명에 다가갈 수도 없을 겁니다.

자료가 충분하면 이것저것 연결하고 배치하고 또 가로지를 수 있습니다. 밋밋하고 지루할 것만 같은 재료로도 멋지고 근사한 이야기를 빚어낼 수 있습니다. 외롭고 쓸쓸한 시절도 자신(自身)을 믿고 자신(自信) 있게 生의 시간을 밀고 나갑니다.

나만의 자료창고를 가진 발견자가 되면 운명을 즐길 수 있습니다.

운명을 활용할 수 있습니다. 생기 있는 삶을 살아갈 수 있습니다.

이런 얘기를 하는 분이 있을지 모르겠습니다.

"그래, 좋다. 운명 발견자가 된 것 같기는 하다. 그런데 불안한 마음, 불편한 생각이 전혀 없는 건 아니다. 이건 또 뭐냐?"

네. 맞습니다. 운명을 오래 생각해온 저도 그렇습니다.

운명 발견자가 되었다고 걱정, 근심, 불안이 완전히 없어지지는 않습니다. 그래도 운명을 모르던 때와 비교하면 고민이나 걱정거리의 실체를 조금은 더 분명하게 이해할 수 있습니다. 내 운명 재료에 없는 건 갈망하지 않게 되고 또 잊어야 할 것, 흘려보내야 할 것들은 선선히 지울 수 있습니다.

불안해서 열려있는

우리는 뭔가 확실한 것, 딱 정해져 있는 것, 분명한 것, 흔들리지 않는 것을 바랄 때가 많지요. 그러나 삶에 틈이 있듯이 운명에도 빈 곳이 있습니다. 운명이 꽉 짜인 구조물이라면 그래서 내가 어찌해 볼 수 없는 것이라면 우리는 운명을 탐구하지 않아도 됩니다. 그냥 매뉴얼에 맞게 정해진 일생을 기계처럼 살아내면 되겠지요. '살아감'이 아니라 '살아짐'을 당하면서 말입니다.

운명이라는 직물

운명은 필연성과 우발성으로 직조된 직물과 같습니다. 운명 속에는 필연성도 있지만 축복처럼 우발성도 끼어 있습니다. 우발성은 빈틈에서 나옵니다. 비어있는 건 뭔가 완전히 결정되지 않았다는 것입니다. 확실하면 확실한 만큼 닫혀 있는 것이지요. 운명이 완벽하고 완전하면 좋을 것 같지만 그건 내가 개입할 여지가 사라지는 것입니다. 불안하고 불편한 구석이 있어야 인식의 주체인 내가 사색하고 판단하고 결정할 수 있겠지요.

운명을 알면 모호한 것, 흔들리는 것, 희끄무레한 것을 골라내 나만의 색채로 물들일 수 있습니다.

운명이 무엇인지 어렴풋하게나마 알게 된 당신.

부디 당신이 가진 여덟 개의 글자를 멋들어지게 활용하는 멀티 이용자(multi user)가 되기를 바랍니다. 운명을 자유자재로 요리할 수 있는 운명 능력자가 되기를 기원합니다.

이 책이 당신 운명과 접속하는 하나의 계기가 되었기를 소망하며 글을 맺겠습니다. 고맙습니다.

부록

부록 1

천간합天干合이 빚어내는 시간

시간이 흐르는 것은 천간이 잇따라 돌기 때문입니다.

천간이 순환하려면 일정한 힘이 계속 작용해야 합니다. 천간이 도는 건 크기가 같은 힘이 정반대 방향에서 작용해 물체의 회전이 일어나는 짝힘과 연관이 있습니다.

이런 짝힘이 오행에서는 10간의 이끌림에서 생깁니다. 이끌림은 자신의 부족함을 메우기 위해 상반되는 대상을 원하는 것입니다. 서로 반대되는 힘끼리 끌어당기는 것이지요.

음과 양이 결합해 변화를 일으키는 것도 이끌림이 있기 때문입니다.

서로 당기는 천간끼리 만나면 새로운 오행이 발생합니다. 그렇게 나온 오행이 시간의 순환을 계속 일으키지요.

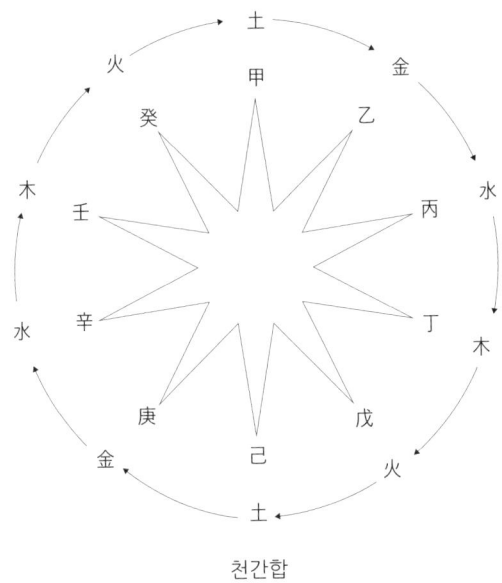

천간합
정반대 편에 있는 오행이 결합해 새로운 오행을 만든다.

그림을 잘 살펴보세요.

별 모양으로 표시된 10간은 10간 대로 변화합니다. 그러면서 맞은 편에 있는 요소들은 또 천간합을 통해 새로운 오행을 만들지요. 즉 甲목은 乙목으로 변화하면서 또 甲목의 반대쪽에 있는 己토와 합해 土를 만들었습니다. 흥미로운 건 이렇게 나온 오행이 또 서로 상생한다는 것이지요. 이 상생작용이 짝힘이 돼 천간이 잇따라 돌고 있습니다. 시계방향으로 도는 짝힘이 영원히 이어져 10간의 순환도 지속되는 것입니다.

천간합의 의미

사주를 탐구하는 분들 중에는 천간합에 큰 비중을 두기도 합니다.

운명을 해석할 때도 천간합을 고려해야 한다고 생각하는 분들도 있습니다. 천간합은 갑작스레 일어나는 것이 아니라 서서히 변해가는 힘입니다. 천간합을 통해 시간의 흐름과 자연의 변화과정을 이해하는 것은 필요합니다.

그러나 한 사람의 운명에 직접적으로 영향을 미치는 것이라고 말하기는 어렵습니다. 천간합을 몰라도 사주분석을 할 수 있습니다. 천간합이 사주를 이해하고 풀이하는데 해석의 틀을 바꿀 만큼 큰 작용을 하는 것은 아니기 때문입니다. 어쩌면 혼란스러워하면서 어설프게 적용하는 것보다는 아예 모르는 것이 더 낫습니다. 다만 명식의 구조와 분위기를 먼저 파악하고 나서 상세 분석이 필요할 때 천간합까지 따져보면 운명에 대한 안목을 높일 수는 있습니다.

천간의 합을 살펴보겠습니다.

甲 + 己 = 合 → 土

생명은 土에 뿌리박고 순환합니다.

기토는 나무를 기르는 토입니다. 갑목은 토를 누르고 위로 자랍니다만, 토가 너무 많으면 갑목의 에너지가 바닥나겠지요. 그렇게 되면 성장하는 힘을 잃고 다시 땅으로 돌아갑니다.

갑기합토는 생명이 죽어 땅으로 돌아가는 작용을 말하는 것이 아닙니다. 서로 다른 오행이 강약의 변화에 따라 힘을 교환하며 순환하는 우주법칙을 따르고 있음을 의미합니다.

乙 + 庚 = 合 → 金
유연한 을목이 금을 만나 금을 닮아가며 관계를 이어갑니다.

갑목이 경금을 만났다면 소통이 일어나기 어렵겠지요. 꺾여 버렸거나 부러졌을지 모릅니다. 을목은 다르지요. 경금을 휘어 감습니다. 금에 순종하면서도 자신의 성장을 어느 정도는 이어나갑니다. 을경합의 모습은 일상에서도 발견할 수 있습니다. 생명이 깃들기 어려운 바위 밑이나 암석들의 틈을 비집고 연약한 풀과 꽃들이 최소한의 생리작용으로 자라는 광경을 떠올려보기 바랍니다.

경금은 신금에 비해 예리함이 떨어지지요. 약하지만 섬세하게 휘감는 을목을 끊어내기 어렵습니다. 그래서 옛사람들은 투박한 경금과 정교한 을목이 만나는 것을 남녀가 만나 부부가 되고 서로 조화를 이루는 것으로 보았습니다. 을경합금에서는 서로 상반된 요소들도 함께 어울려 살아감을 느낄 수 있습니다.

丙 + 辛 = 合 → 水

싸늘한 바위와 태양 빛이 만나 습기를 만듭니다.

빛이 내는 열기로 데워진 공기가 찬 물질을 만나 습기를 만든 것입니다. 자연에서 비가 내리는 현상, 아침에 이슬이 맺히는 것도 병신합수의 관계입니다. 이글거리던 병화가 신금과 합해 습기를 만든다니 무척 신기한 과정이지요.

丁 + 壬 = 合 → 木

火와 水가 만나 생명을 만듭니다. 서로 순환하는 합입니다.

수와 화는 순환의 기본이지요. 丁(온기)과 壬(수분)이 서로 순환해 생명체를 발생시킵니다. 물은 적합한 온도만 유지되면 생명운동이 일어납니다. 이것이 정임합목의 생명체입니다. 어린 생명이 탄생하는 합이라서 인수(仁壽, 덕이 있고 수명이 길다)의 합이라고 합니다.

옛사람들은 생명력을 품고 있는 정임합목을 귀하게 여기면서도 자칫하면 연정이 발생하기 쉽고 애정문제에 휘말릴 수도 있다고 생각했습니다. 정임합목에서는 살아있음이라는 생명현상을 느낄 수 있습니다.

戊 + 癸 = 合 → 火

무토가 계수의 흐름을 가로막는 모습입니다.

기토는 스펀지처럼 물을 흡수합니다. 무토는 물을 빨아들이기는커녕 처음부터 계수의 흐름을 막아버립니다. 임수에 비하면 계수는 물줄기도 약하고 흐르는 힘도 세지 않습니다. 계수는 약간만 건조해도 수증기로 변해 쉽게 증발해버립니다. 자연현상으로 보면 액체가 기체로 변하는 기화에 해당합니다. 이때의 계수는 모습은 바뀌었지만 공간에서 습도를 조절하는 중요한 임무를 수행하고 있습니다. 물론 순환 주기는 아주 짧습니다.

옛사람들은 건조한 무토와 계수가 만나는 합은 오랫동안 지속될 수 없다고 생각했습니다. 나이 많은 남자와 젊은 여자가 잠깐 결합했다가 이내 헤어지는 것으로 이해하기도 했습니다. 약한 계수를 대하는 무토의 태도가 인정머리가 없다고 여겨 무정지합이라 부르기도 합니다. 그렇다고 무토를 나무랄 수는 없습니다. 무토도 저 나름대로 우주 자연의 순환에 기여하고 있으니까요.

무계합화에서는 흐름이 끊긴 계수의 안타까움도 헤아려야겠지만 세속에 뜻을 두지 않는 무토의 의연함도 기억하면 좋겠습니다.

부록 2

사주 세우기

 사주를 뽑을 줄 아는 분이 많다고 판단해 본문에서는 간략하게만 설명했습니다. 그래도 사주를 처음 접하는 독자분이 계실 듯해 나머지 설명은 여기서 이어가겠습니다.

네 기둥의 구성

 60갑자는 10개의 天干(甲, 乙, 丙, 丁, 戊, 己, 庚, 辛, 壬, 癸)과 12개의 地支(子, 丑, 寅, 卯, 辰, 巳, 午, 未, 申, 酉, 戌, 亥)가 차례대로 만나 나온 것입니다.
 천간 10개와 지지 12개를 맞추어 나가면 60개의 간지가 생깁니다. 이것은 10과 12의 공배수가 60이기 때문이지요.

60갑자를 순서대로 나열하면 아래와 같습니다.

甲子 乙丑 丙寅 丁卯 戊辰 己巳 庚午 辛未 壬申 癸酉
甲戌 乙亥 丙子 丁丑 戊寅 己卯 庚辰 辛巳 壬午 癸未
甲申 乙酉 丙戌 丁亥 戊子 己丑 庚寅 辛卯 壬辰 癸巳
甲午 乙未 丙申 丁酉 戊戌 己亥 庚子 辛丑 壬寅 癸卯
甲辰 乙巳 丙午 丁未 戊申 己酉 庚戌 辛亥 壬子 癸丑
甲寅 乙卯 丙辰 丁巳 戊午 己未 庚申 辛酉 壬戌 癸亥

갑자기원에서 설명하였듯이 60갑자는 수천 년 전 어느 시점의 연월일시를 기준으로 현재까지 계속 이어지고 있습니다. 우리가 태어난 생년월일시도 60갑자에서 뽑아낸 것입니다.

2015년은 간지가 乙未지요. 그럼 2016년은 丙申이 되겠군요. 2017년은 당연히 丁酉가 됩니다. 사주가 네 기둥으로 짜여있으니 사주의 종류도 $60 \times 60 \times 60 \times 60 = 12,960,000$개라고 생각하는 사람들이 있습니다. 사주는 $60 \times 12 \times 60 \times 12 = 518,400$개가 전부입니다.

연과 일은 공전과 자전에 의해 각각 60개씩 결정되므로 60개가 맞습니다. 월과 시는 연과 일에서 구속을 받습니다. 연의 천간과 일의 천간에 따라 12가지로 확정됩니다. 월이 12가지인 것과 시가 12가지인 것은 본문에서 설명했기에 이미 알고 계실 것입니다.

연주 월주 구성하기

만세력에서 자신이 태어난 해를 찾아 간지를 적습니다. 1985년에 태어난 사람이라면 을축을 연의 자리에 적으면 되겠지요. 월주는 12개의 절입일을 기준으로 결정합니다. 만세력에서 내가 출생한 날을 찾은 다음 절입일을 기준으로 월주를 찾으면 됩니다.

음력 1월 : 입춘부터 경칩 전까지 인월寅月

음력 2월 : 경칩부터 청명 전까지 묘월卯月

음력 3월 : 청명부터 입하 전까지 진월辰月

음력 4월 : 입하부터 망종 전까지 사월巳月

음력 5월 : 망종부터 소서 전까지 오월午月

음력 6월 : 소서부터 입추 전까지 미월未月

음력 7월 : 입추부터 백로 전까지 신월申月

음력 8월 : 백로부터 한로 전까지 유월酉月

음력 9월 : 한로부터 입동 전까지 술월戌月

음력10월 : 입동부터 대설 전까지 해월亥月

음력11월 : 대설부터 소한 전까지 자월子月

음력12월 : 소한부터 입춘 전까지 축월丑月

일주 시주 구성하기

대부분의 사람들은 만세력이 없어도 연의 간지는 알고 있습니다. 태어난 해만 알려주면 무슨 띠인지 알아맞히는 사람이 많습니다. 더러는 월의 간지까지 잡아내기도 합니다. 그렇지만 하루하루 바뀌는 일(일주日柱)의 간지인 일진日辰을 아는 사람은 거의 없습니다. 더구나 수십 년 전의 일진을 아는 것은 거의 불가능합니다. 그래서 만세력이 필요한 것이지요. 일주는 꼭 만세력에서 확인해야 합니다. 양력이든 음력이든 정확한 날짜만 알면 만세력에서 일진을 뽑을 수 있습니다. 일주를 세울 때는 특히 신경을 써야 합니다. 시간을 결정해야하기 때문입니다.

일주와 시주의 관계는 연주와 월주의 관계와 비슷합니다. 다른 점이 있다면 일 년의 시작은 입춘을 기점으로 하지만 하루의 시작은 자시라는 것입니다. 자시는 우리가 흔히 날짜를 구분하는 밤 12시가 아니라 전날 밤 11시부터라는 것을 명심하시기 바랍니다.

일주를 12개의 시간으로 구분하면 아래와 같습니다.

자子시 : 전날 23시부터 다음날 1시까지

축丑시 : 1시부터 3시까지

인寅시 : 3시부터 5시까지

묘卯시 : 5시부터 7시까지

진辰시 : 7시부터 9시까지

사巳시 : 9시부터 11시까지

오午시 : 11시부터 13시까지

미未시 : 13시부터 15시까지

신申시 : 15시부터 17시까지

유酉시 : 17시부터 19시까지

술戌시 : 19시부터 21시까지

해亥시 : 21시부터 23시까지

시간의 지지는 알 수 있는데 문제는 천간을 어떻게 확정하는가에 있습니다. 월간은 만세력에 표시되어 있지만 시간의 천간은 만세력에 나와 있지 않기 때문입니다.

월간을 결정하는 방법을 연두법年頭法이라 하고 시간을 결정하는 방법을 시두법時頭法이라고 합니다. 두 방법이 원리는 결국 같은데 이름을 달리 부르는 것입니다. 우리는 이것을 통일하여 진두법辰頭法이라 하고 진두법에 의한 방법으로 해결합시다. 12지를 설명할 때 음력3월 辰에서 용을 변화가 많은 동물이라고 했는데 혹시 기억하시나요? 진두법의 시간은 진을 기준으로 시간을 정하는 것이지요. 용법은 이렇습니다.

먼저 용을 의미하는 辰을 지지에 놓습니다. 그 다음은 천간을 정해야겠지요? 천간은 좀 전에 보았던 천간합에 등장한 오행을 배치합니다. 그렇게만 하면 사주의 시간을 깔끔하게 해결할 수 있습니다. 이제 그 과정을 살펴봅시다. 천간합이 일으키는 변화는 이런 것이었지요.

甲 + 己 = 合 → 土

乙 + 庚 = 合 → 金

丙 + 辛 = 合 → 水

丁 + 壬 = 合 → 木

戊 + 癸 = 合 → 火

천간합에 출연한 요소들을 꼼꼼히 살펴보세요. 그냥 배치만 하면 시간은 간단히 해결됩니다. 이를테면 이런 것이지요.

甲일과 己일에는 戊辰시

乙일과 庚일에는 庚辰시

丙일과 辛일에는 壬辰시

丁일과 壬일에는 甲辰시

戊일과 癸일에는 丙辰시가 됩니다.

즉 천간에 갑이 들어오는 날(갑자, 갑인, 갑진, 갑오, 갑신, 갑술)과 기가 들어오는 날(기묘, 기사, 기미, 기유, 기해, 기축)의 진시는 천간에 戊토를 배치해 무진시를 만드는 것이지요. 이런 방법으로 辰시의 천간이 정해지면 그것을 기준으로 앞과 뒤를 따져서 시간의 간지를 결정할 수 있습니다. 이 원리는 월에도 적용되는 것이기 때문에 시두법과 연두법을 구분하여 적용할 필요는 없습니다.

이렇게 따지는 것이 귀찮으면 다음 표에서 그냥 찾아도 됩니다. 그래도 진시의 천간이 천간합의 오행이라는 것은 기억하면 좋겠네요.

시의 간지

	子시	丑시	寅시	卯시	辰시	巳시	午시	未시	申시	酉시	戌시	亥시
甲己일	甲子	乙丑	丙寅	丁卯	戊辰	己巳	庚午	辛未	壬申	癸酉	甲戌	乙亥
乙庚일	丙子	丁丑	戊寅	己卯	庚辰	辛巳	壬午	癸未	甲申	乙酉	丙戌	丁亥
丙辛일	戊子	己丑	庚寅	辛卯	壬辰	癸巳	甲午	乙未	丙申	丁酉	戊戌	己亥
丁壬일	庚子	辛丑	壬寅	癸卯	甲辰	乙巳	丙午	丁未	戊申	己酉	庚戌	辛亥
戊癸일	壬子	癸丑	甲寅	乙卯	丙辰	丁巳	戊午	己未	庚申	辛酉	壬戌	癸亥

시간에서 고려할 사항 태양시와 서머타임

현재 우리가 사용하는 시간은 인위적으로 정한 국제표준시입니다. 정확한 시간을 측정하려면 태양의 위치를 기준으로 삼아야 합니다. 한국의 표준시는 동경 135도를 기준으로 하기 때문에 따지고 보면 서울은 32분 정도 빠른 시간을 사용하고 있습니다.

사주를 분석하려면 출생 시간의 간지를 태양시로 바꾸어 제대로 잡아야겠지요. 서울에서 낮 12시에 태어난 사람이라면 오전 11시 28분이 자신이 태어난 시간입니다.

출생지역에 따른 시간의 차이

동경 126.5도 : +34분 : 인천, 당진

동경 127도   : +32분 : 서울, 천안, 전주

동경 127.5도 : +30분 : 가평, 이천, 대전, 남원

동경 128도   : +28분 : 춘천, 원주, 상주, 김천

동경 128.5도 : +26분 : 속초, 영월, 대구, 마산

동경 129도   : +24분 : 강릉, 동해, 경주, 부산

동경 129.5도 : +22분 : 울진, 영덕, 울산

오전 11시 10분에 부산에서 태어난 사람은 -24분해야하지요. 출생시간은 10시 46분이 됩니다. 따라서 출생 시는 午시가 아니라 巳시가 되는 것입니다.

서머타임기간 중에 출생한 경우

우리나라에서도 오래전, 서머타임이라고 하여 해가 긴 여름에 시간을 한 시간 당겨 사용한 적이 있었습니다. 서머타임이 생긴 것은 해가 빨리 뜨는 여름에 좀 더 일찍 활동하기 위해서였지요. 서머타임 제도는 1949년부터 간헐적으로 이용되다가 61년 5월에 폐지되었습니다. 이후 88올림픽을 계기로 87년에 다시 등장했고 1988년에 사라졌습니다.

자신의 출생일이 서머타임 기간에 해당된다면 사주의 시간도 조정해야 합니다. 예를 들어봅시다.

60년 8월 7일 오전 11시 10분에 서울에서 태어났다면 서머타임 기간에 출생한 사람입니다. 사주의 시주를 세우려면 11시 10분에서 1시간을 빼야겠지요. 10시 10분에서 다시 서울의 현지 시간 -32분을 적용해 9시 38분이 이분의 정확한 출생시간입니다. 간지로 따지면 巳시가 됩니다.

대운大運 결정하기

대운 적용

대운은 일간이 일생동안 걸어가는 길입니다. 보통 사주팔자는 자동차로, 대운은 도로에 비유합니다. 대운의 간지는 천간과 지지를 합해 10년으로 보기도 하고 천간의 작용을 5년, 지지의 작용을 5년으로 따로 분리해 보기도 합니다.

운은 연속된 흐름이기 때문에 계절의 큰 흐름인 30년을 먼저 살펴보아야합니다. 봄대운 寅卯辰, 겨울대운 亥子丑과 같이 계절적인 큰 흐름을 먼저 파악한 다음 10년씩 오는 간지의 운을 파악합니다. 그런 다음 다시 천간 5년, 지지 5년씩 따로 살피고 또 연운(해마다 오는 1년 단위의 운, 세운이라고도 함)과의 관계를 따져 길흉吉凶을 예측합니다.

큰 흐름 속에 작은 흐름이 있고 그 작은 흐름 안에 더 세세한 흐름이 있다는 논리를 적용한 것입니다.

대운찾는 법

월의 간지를 중심으로 순차적으로 진행하면 순행, 거꾸로 가면 역행이라 합니다. 그럼 월주가 辛未일 경우의 예를 살펴보지요.

대운의 진행방향

甲 乙 丙 丁 戊 己 庚 | 辛 | 壬 癸 甲 乙 丙 丁 戊 己
子 丑 寅 卯 辰 巳 午 | 未 | 申 酉 戌 亥 子 丑 寅 卯

역행 ◀▶ 순행

태어난 해의 천간이 갑병무경임甲丙戊庚壬이라면 양년이지요. 을정기신계정기신乙丁己辛癸는 음년이고요. 남자가 양년에 출생하면 대운은 순행하고 음년에 나면 역행합니다. 반대로 여자가 음년에 태어나면 대운은 순행하고 양년에 나면 역행합니다.

대운 순행

양력 1946년 09월10일 06시 출생한 남자의 명식입니다.

시	일	월	연
癸	丁	丁	丙
卯	亥	酉	戌

대운

甲	癸	壬	辛	庚	己	戊
辰	卯	寅	丑	子	亥	戌
70	60	50	40	30	20	10

남자가 양년에 태어났으니 순행하는 대운입니다. 월주가 정유지요. 그럼 대운은 무술부터 시작되고 기해경자신축의 겨울대운, 임인계묘갑진의 봄대운을 따라 흐를 것입니다.

대운 역행

양력 1936년 11월 25일 22시에 출생한 여자입니다.

시	일	월	연
己	辛	己	丙
亥	亥	亥	子

대운

壬	癸	甲	乙	丙	丁	戊
辰	巳	午	未	申	酉	戌
64	54	44	34	24	14	04

여자가 양년에 태어났으니 대운은 역행합니다. 월주가 기해니 무술정유병신의 가을대운, 을미갑오계사의 여름대운, 임진신묘경인의 봄대운 순으로 흘러가겠지요.

대운이 시작되는 나이 정하기

이 부분을 따로 기억할 필요는 없습니다. 만세력에 남녀별로 구분해 잘 나와 있으니까요. 그래도 어떻게 정해지는지 과정은 이해하자는 뜻에서 설명하는 것입니다.

순행

순행은 앞으로 나아가는 흐름이지요. 태어난 날에서 다음 달이 시작되는 절입일까지의 날짜 수를 헤아린 다음 3으로 나눈 숫자가 대운이 시작되는 나이입니다.

대운에 표시된 숫자 4의 의미는 만4세부터 대운이 시작된다는 것입니다. 4세부터 13세까지 10년간은 무술대운이 작용하고 14세부터 23세까지는 정유대운이 영향을 미친다는 뜻입니다.

역행

출생일에서 그달이 시작된 절입일까지 날짜를 계산한 다음 3으로 나눈 숫자가 대운이 시작되는 나이입니다. 앞으로 나아가는 흐름이 아니고 태어난 날에서 역순으로 더듬어가는 방법입니다.

쉽게 풀어쓴 운명
사주명리로 찾아낸 내 일과 내일

© 정문교, 2016

발행일 2016년 4월 23일 초판 발행 | **지은이** 정문교
펴낸 곳 봄꽃 여름숲 가을열매 겨울뿌리 | **등록** 2015년 6월 16일 제 2015-00189호
주소 서울시 마포구 월드컵북로 31길 26, 301호 | **대표전화** 02-308-2461
팩스 0505-312-3116 | **블로그** blog.naver.com/seasonsinthelife
이메일 seasonsinthelife@naver.com
ISBN 979-11-955785-1-1 (03100)

이 책의 저작권은 저자에게 있으며 저작권법에 따라 보호를 받는 저작물이므로 무단전재와 복제를 금합니다. 정가는 뒤표지에 있습니다. 잘못된 책은 구입하신 곳에서 교환해 드립니다.
이 도서의 국립중앙도서관 출판예정도서목록(CIP)은 서지정보유통지원시스템 홈페이지
(http://seoji.nl.go.kr)와 국가자료공동목록시스템(http://seoji.nl.go.kr/kolisnet)에서
이용하실 수 있습니다. (CIP 제어번호 : CIP2016008382)